Der Weg der Rose vom Buch zum Film

Ein Vergleich zwischen dem Buch *Il nome della rosa*
und seiner filmischen Umsetzung

von

Ursulina Pittrof

Tectum Verlag
Marburg 2002

Die Deutsche Bibliothek - CIP-Einheitsaufnahme

Pittrof, Ursulina:
Der Weg der Rose vom Buch zum Film.
Ein Vergleich zwischen dem Buch *Il nome della rosa*
und seiner filmischen Umsetzung.
/ von Ursulina Pittrof
- Marburg : Tectum Verlag, 2002
ISBN 978-3-8288-8382-6

Tectum Verlag
Marburg 2002

Inhaltsverzeichnis

Abb. 1 Karikatur – Telefonat Jean-Jacques Annaud mit Umberto Eco[1]

[1] Pericoli, Tullio und Pirella, Emanuele: „Tutti da Fulvia", *Repubblica*/Nov., 1987, 106.

Übers.: Hallo, Umberto?-Am Apparat.-Hier spricht J.J.Annaud;-Hör mal, mir kannst Dus doch schließlich sagen.-Was?; Hat dir mein Film gefallen?-Ich sag Dir, er war wunderbar;-Ich habe durch ihn richtig Lust bekommen, das Buch noch einmal zu lesen.

(übers. v. d. Verfasserin)

Vorwort

Die Idee zu dieser Arbeit entstand während meines Auslandssemesters in Italien und dem dortigen Studium der *Filmologia italiana*, die der Italianistik angegliedert ist.

Da *Il nome della rosa*, in welcher Form auch immer, fast Jedermann ein Begriff ist, und sowohl der Roman als auch der Film großen Anklang bei ihren jeweiligen Rezipienten fanden, habe ich mich für diesen Vertreter der Postmoderne entschieden.

Ziel der vorliegenden Arbeit ist es nun, den Film *Il nome della rosa* von Jean-Jacques Annaud zum gleichnamigen literarischen Werk Umberto Ecos auf Gemeinsamkeiten sowie gewollte und ungewollte Unterschiede aufgrund von Umsetzungsproblemen zu untersuchen, und zwar in bezug auf die postmodernen Merkmale von *Il nome della rosa*, auf die Handlungs- und Erzählstruktur, Intertextualität, Raumdarstellung, Entwicklung und Denkweisen der Protagonisten und Sprachsituation. Diese Punkte habe ich aus den vielen vergleichswürdigen Aspekten von Umberto Ecos Roman ausgewählt, da sie zum einen typische Punkte einer Filmanalyse sind und zum anderen, weil sich bei ihnen die Umsetzungsprobleme vom Roman zum Film am deutlichsten aufzeigen lassen. Dabei sollen die beiden Medien gleichberechtigt nebeneinander stehen, der Film jedoch einen Schwerpunkt bilden. Der Vergleich basiert auf der als Orientierungshilfe dienenden Filmanalyse von *Il nome della rosa*, die ich im Vorfeld des Vergleichs erstellt habe und die im Anhang nachzulesen ist.

Die Arbeit soll auf diese Weise zeigen, welche Probleme bei einer Literaturverfilmung und insbesondere bei der Verfilmung von *Il nome della rosa* entstehen können und ob oder wie man diesen Problemen mit filmdramaturgischen Mitteln entgegenwirken kann.

Für die, dem Vergleich vorangegangene Filmanalyse, die Erstellung des Filmprotokolls, habe ich zunächst mit der englischen Originalfassung gearbeitet. Für die vorliegende Arbeit habe ich dann zusätzlich die italienische Fassung

herangezogen, um die einzelnen Punkte besser vergleichen zu können. Die in der Arbeit verwendeten Film-Zitate stammen daher ausschließlich aus der italienischen Fassung des Films. Da *Il nome della rosa* zwar in englischer Sprache gedreht wurde, es sich aber um eine deutsch-französisch-italienische Co-Produktion handelt, die fast zeitgleich in den jeweiligen Ländern erschienen ist, scheint mir die Verwendung der italienischen Filmfassung ebenso angemessen, wie die der englischen Version. In Anlehnung an das Originalwerk Umberto Ecos wird in der vorliegenden Arbeit immer über den Film *Il nome della rosa* gesprochen sowie die Personen mit den italienischen Namen bezeichnet, auch wenn der Film im Original in englischer Sprache ist.

Einige Filmphilologen, die sich bereits mit dem Thema „Literaturverfilmung" beschäftigt haben, sind der Meinung, daß der Ausdruck *Literatur v e r filmung* dem Werk nicht gerecht werde. So schreibt zum Beispiel Knut Hickethier in seinem Artikel *Der Film nach der Literatur ist Film*:

> *Von >Literaturverfilmung< zu reden, heißt, den ersten Schritt in die falsche Richtung tun: denn im Begriff der Verfilmung steckt bereits die erlittene Verformung des Kunstwerks, [...]. Das Ergebnis kann nur eine Kopie, ein unvollständiger Ersatz im anderen Medium sein.*[2]

In der vorliegenden Arbeit habe ich neben dem Begriff „Adaption" trotzdem weiterhin den Begriff „Literaturverfilmung" verwendet, da eine derartige Diskussion meines Erachtens zu weit vom eigentlichen Thema wegführen würde, was allerdings keine vorschnelle Abwertung des hier analysierten Filmes bedeuten soll.

Außerdem muß noch gesagt werden, daß trotz umfangreicher Recherche fast keine einschlägige und verwendbare Literatur zur Verfilmung und zum Vergleich von Roman und Film *Il nome della rosa* zu finden war und die Arbeit daher zu einem großen Teil auf eigenem Filmverständnis und eigenen Erfahrungen mit Film und der Anwendung filmdramaturgischer Mittel besteht.

Bei den vielen möglichen Fragestellungen einer Filmanalyse kann man allerdings keinen Anspruch auf Vollständigkeit oder absolute Objektivität erheben, da dieser durch die persönliche Rezeptionsweise naturgemäß Grenzen gesetzt sind.[3]

---

[2] Kurt Hickethier, „Der Film nach der Literatur ist Film. Volker Schlöndorffs >>Die Blechtrommel<< (1979) nach dem gleichnamigen Roman von Günter Grass (1959)", in: *Literaturverfilmungen*, herausgegeben von F-J. Albersmeier und V. Roloff (Frankfurt am Main, 1989), S. 183–198.

[3] Vergleiche G. Palmes, *Literatur und Film: La* Colmena *von Camilo José Cela*, herausgegeben von Prof. Dr. Rafael Gutiérrez Girardot, Hispanistische Studien 25 (Frankfurt am Main, 1994), S. 8f.

Der Übersicht halber werden zusätzlich die verwendeten Fachausdrücke (z.B. filmdramaturgische Ausdrücke) gemeinsam im Anhang (*Glossar*) erklärt.

Ganz herzlich danke ich allen, die mich während der Zeit des Schreibens unterstützt und immer wieder ermuntert haben und deren Aufzählung allein bereits mehrere Seiten füllen würde.

I. Einleitung: Die Literaturverfilmung im Kontext der Intermedialität

1. 1. Die Literaturverfilmung in der Kritik

Sie kennen doch sicher den Witz von den beiden Ziegen, die die Rollen eines Films auffressen, der nach einem Bestseller gedreht worden ist, worauf die eine Ziege zur anderen sagt: >Mir war das Buch lieber.< (Alfred Hitchcock)[4]

Auch heute noch werden Literaturverfilmungen meistens besonders kritisch betrachtet, da der Maßstab für einen derartigen Film immer der zugrundeliegende literarische Originaltext ist.[5] Denn es wird bei den meisten Literaturverfilmungen davon ausgegangen, daß der Film nur aufgrund der vor ihm geschaffenen Literatur besteht und er daher nichts als eine untergeordnete Folge dieser sein kann.[6] So steht auch bei jeder Literaturverfilmung die Forderung nach Werktreue an erster Stelle. Tendenziell erfolgt daraufhin oft die Abwertung des Films, der sich erst vom Ruf der Trivialität befreien muß, als eine schlechte Imitation der meist als qualitativ wertvoller bezeichneten Literaturvorlage.[7]

Für Siegfried Kracauer ist zum Beispiel „der Roman ... keine filmgerechte literarische Form".[8] Seine Überzeugung resultiert vor allem aus seiner Ansicht, ein Roman müsse eins zu eins in den Film übertragen werden.[9]

Doch Filmphilologen fordern inzwischen immer häufiger die Trennung von Literaturvorlage und Literaturverfilmung, damit diese als gleichwertiges und vor

---

[4]   Wolfgang Gast, „Lesen oder Zuschauen", in: W. G., *Literaturverfilmung*, herausgegeben von Hans Gerd Rötzer, Themen, Texte, Interpretationen, Bd. 11 (Bamberg, 1993), S. 7–11.

[5]   Vgl. Gaby Schachtschabel, *Der Ambivalenzcharakter der Literaturverfilmung*, Europäische Hochschulschriften 16, (Frankfurt am Main, 1984), S. 9.

[6]   Vgl. Palmes, S. 21.

[7]   Vgl. Schachtschabel, S. 19.

[8]   Evelyn Strautz, *Probleme der Literaturverfilmung. Dargestellt am Beispiel von James Ivorys* A Room With A View, Aufsätze zu Film und Fernsehen 38, (Alfeld/Leine, 1996). S. 6.

[9]   Vgl. Strautz, S. 6.

allem als eigenständiges Werk mit all ihren medienspezifischen Darstellungs-
möglichkeiten neben der Literatur bestehen kann.[10]

Die Literaturverfilmung soll also nicht länger als eine „visualisierte `Rezeptions-
form´ ihrer literarischen Vorlage" gelten,[11] sondern als ein Werk mit Ambivalenzcharakter, das einerseits zwar eine Interpretation seines literarischen
Vorbildes ist, andererseits aber auch als eigenständiger Werktext, als eigenes
Textsystem, interpretiert werden kann.[12]

Auf dieser Grundlage stellt Irmela Schneider die Analyse einer Literaturverfilmung mit folgender Skizze dar:

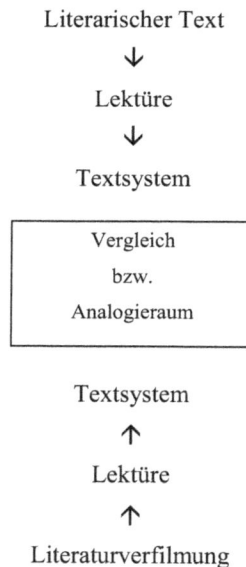

Literarischer Text

↓

Lektüre

↓

Textsystem

Vergleich bzw. Analogieraum

Textsystem

↑

Lektüre

↑

Literaturverfilmung

Abb. 1: Schema der Analyse einer Literaturverfilmung[13]

---

[10] Vgl. Schachtschabel, S. 11.
[11] Schachtschabel, S. 12.
[12] Vgl. Schachtschabel, S. 14.
[13] Irmela Schneider, Der verwandelte Text. Wege zu einer Theorie der Literaturverfilmung,
      herausgegeben von Dieter Baacke u. a., Medien in Forschung und Unterricht A, Bd. 4
      (Tübingen, 1981), S. 124.

Auch Werner Faulstich ist der Meinung, daß ein analytischer Werkvergleich häufig das Ergebnis bringt,

> *daß es sich [...] um zwei ganz verschiedene Werke in verschiedenen Medien handelt oder doch mindestens um zwei Werke, bei denen die Unterschiede die Ähnlichkeiten bei weitem überwiegen.*[14]

Dieser Doppelcharakter einer Literaturverfilmung, die einerseits auf dem literarischen Text basiert, andererseits aber ein autonomer Text ist, entsteht aus der Tatsache, daß Text und Bild zwei unterschiedliche Darstellungsformen sind, wodurch sich bei der Umsetzung einer literarischen Vorlage in einen Film zwangsläufig immer wieder Probleme ergeben.

Natürlich wird bei der Transformation eines literarischen Werkes ein Informationsverlust nie zu vermeiden sein, was in der unterschiedlichen Natur der beiden Medien begründet liegt, und man wird dabei immer Varianten und Invarianten erkennen können.[15]

Trotzdem sollten aber, nach Forderungen der Literaturwissenschaft, die Intention des literarischen Autors und natürlich die Handlung so weit wie möglich übernommen werden. Unterschieden wird hierbei zwischen einer reinen Ausbeutung des Originaltextes und der Verfilmung, die das literarische Werk als Referenz verwendet.[16]

Ein Kinofilm hat normalerweise aber eine andere Zielgruppe als ein Roman, denn beim Film wird zum Beispiel die Unterhaltung immer mit an erster Stelle stehen. Ein Film ist in den meisten Fällen ein Zeitvertreib, bei dem der Zuschauer ohne große Anstrengung und ohne großen Zeitaufwand für eine bestimmte Zeit in eine andere Welt fliehen kann.[17]

Zudem wird natürlich die Vorstellungsebene durch die visuelle Wahrnehmungsebene ersetzt, was weniger Eigeninitiative erfordert. Wie ein literarisches Werk verfilmt werden soll, hängt nun zum größten Teil von der Vorstellung des jeweiligen Regisseurs, aber auch von der gegebenen Zeitgrenze eines Films ab.

---

[14] Werner Faulstich, *Die Filminterpretation* (Göttingen, 1988), S. 46.
[15] Vgl. Klaus Kanzog, „Wege zu einer Literaturverfilmung am Beispiel von Volker Schlöndorffs Film `Michael Kohlhaas – Der Rebell'", in: *Methodenprobleme der Analyse verfilmter Literatur*, herausgegeben von Joachim Paech (Münster, 2. Aufl. 1988), S. 21- 44.
[16] Vgl. Kanzog, *Wege zu einer Literaturverfilmung*, S. 40.
[17] Vgl. Palmes, S. 16.

Ein Film dauert in der Regel eineinhalb bis zwei Stunden, was natürlich bereits eine Kürzung des vorgegebenen literarischen Textes bedeuten muß. Diese zwangsweise notwendigen Kürzungen führen oft dazu, daß eine Literaturverfilmung als deformierter `Abklatsch´ ihrer Vorlage angesehen wird. [18]

Dennoch hat der Film visuelle Möglichkeiten, die zum Beispiel ein Roman nicht hat. Was nicht beschrieben werden kann, läßt sich leicht in Bildern ausdrücken. So steigt das Interesse an Literaturverfilmungen merklich. Neben Regisseuren und Produzenten, die sich von dieser Art von Filmen ein hohes Prestige erwarten,[19] sind es vor allem die Konsumenten, denn spätestens seitdem der Film mit filmdramaturgischen Mitteln eine literarische Erzählung wiedergeben kann, wird er oft dem Lesen des entsprechenden Romans vorgezogen. [20]

1. 2. Intermedialität und die Entwicklung der Literaturverfilmung

In der Moderne und Postmoderne sind Kommunikationsformen entstanden, die bislang unbekannt waren. Dadurch haben sich auch die gattungsspezifischen Grenzen aufgehoben. Filme werden am Theater nachgespielt, plastische Kunst wird musikalisch umgesetzt und literarische Texte werden in Filmen adaptiert.[21]

Dieses Phänomen in einer Zeit der medialen Vernetzungen bezeichnet man als *Intermedialität*, was den Wechsel eines Werkes zwischen mindestens zwei unterschiedlichen Medien bedeutet. Der Film spielt dabei eine tragende Rolle, da gerade in diesem Bereich aufgrund der rasanten technischen Entwicklung immer neue Möglichkeiten entstehen.

Eine Verbindung von Film und Literatur existiert genau genommen schon seit Bestehen des Mediums Film. Beliebte Werke waren dabei vor allem Schillers *Wilhelm Tell* sowie schon im Jahre 1896 Goethes *Faust*.[22] Im Jahr 1910 wurden

---

[18] Vgl. Monika Reif, *„Film und Text. Zum Problem von Wahrnehmung und Vorstellung in Film und Literatur*, herausgegeben von W. Faulstich und H.-W. Ludwig, Medienbibliothek B, Bd. 5 (Tübingen, 1984), S. 157.

[19] Vgl. Franz-Josef Albersmeier und Volker Roloff, „Vorwort", in: *Literaturverfilmungen*, herausgegeben von F-J. A. und V. R. (Frankfurt am Main, 1989), S. 11–14.

[20] Vgl. Palmes, S. 15.

[21] Vgl. Jürgen E. Müller, *Intermedialität. Formen moderner kultureller Kommunikationen*, herausgegeben von J. E. M., Film und Medien in der Diskussion 8 (Münster, 1996), S. 15.

[22] Vgl. Michael Schaudig, *Literatur im Medienwechsel. Gerhart Hauptmanns Tragikomödie Die Ratten und ihre Adaption für Kino, Hörfunk und Fernsehen*, herausgegeben von K. Kanzog, diskurs film: Bibliothek 4 (München, 1992), S. 13.

in Deutschland drei Werke verfilmt, im Jahr 1914 gab es bereits 14 Literaturverfilmungen.[23] Spätestens 1929 aber, als der Film nicht mehr nur eine Reihung von stummen Bildern war, sondern eigene Geschichten erzählen konnte, wurden literarische Texte als Vorlage verwendet. Bereits 1957 basierten im Filmparadies Hollywood ungefähr 40% aller Spielfilme auf Dramen- oder Romantexten.[24] und Ende der 80er Jahre waren es schon 50 % aller bis dahin produzierten Filme.[25] Mittlerweile, fünf Jahre nach dem hundertsten Geburtstag des Films im Jahre 1995, arbeitet ein Großteil der Autoren zusätzlich auch für die Massenmedien Film und Fernsehen.[26]

Sie arbeiten als Drehbuchautoren für den Film oder schreiben im Anschluß daran das sogenannte *Buch nach dem Film*.[27]

1. 3. Die Aufgabe von Filmanalysen

> *Dummes Zeug kann man viel reden,*
> *kann es auch schreiben,*
> *wird weder Leib noch Seele töten,*
> *es wird alles beim Alten bleiben.*
> *Dummes aber, vors Auge gestellt,*
> *hat ein magisches Recht:*
> *Weil es die Sinne gefesselt hält, bleibt der Geist ein Knecht.*[28]

Schon im 18. Jahrhundert hat auch Johann Wolfgang von Goethe erkannt, daß Gesehenes oft stärker in Erinnerung bleibt als Gelesenes.

Doch das allein soll nicht die Rechtfertigung für eine Literaturverfilmung bleiben. Vielmehr ist die Filmwissenschaft aufgrund der immer besseren Möglich-

---

[23] Vgl. Helmut H. Diederichs „`Autorenfilm´und Verfilmungsfrage. Zur Geschichte und Theorie der Literaturverfilmung vor dem ersten Weltkrieg in Deutschland", in: *Methodenprobleme der Analyse verfilmter Literatur*, herausgegeben von Joachim Paech (Münster, 2. Auflage 1988), S. 63–72.

[24] Vgl. Paul G. Buchloh, *Literatur und Film*, herausgegeben von P. G. B. u.a., Studien zur englischsprachigen Literatur und Kultur in Buch und Film II, Bd. 4 (Kiel, 1985). S. 10.

[25] Vgl. Albersmeier/Roloff, S. 5.

[26] Vgl. Heinz- B. Heller, *Literarische Intelligenz und Film. Zu Veränderungen der ästhetischen Theorie und Praxis unter dem Eindruck des Films 1910 –1930 in Deutschland*, herausgegeben von Dieter Baacke u. a., Medien in Forschung und Unterricht A, Bd. 15 (Tübingen, 1984), S. 1ff.

[27] Palmes, S. 22.

[28] J.W. von Goethe, *Zahme Xenien*, Goethes Werke, Vollständige Ausgabe, Bd. 3 (Stuttgart 1828), S. 268.

keiten der Filmindustrie, einen Film sachgemäß und qualifiziert umzusetzen, gerade in letzter Zeit dabei, sich in der Literaturwissenschaft zu etablieren. Werner Faulstich zum Beispiel ist der Meinung, daß ein Film analysiert werden kann, soll oder muß, wenn er als *Literatur* bezeichnet werden kann. Literatur bedeutet für ihn nun jede Art von Kino- oder Fernsehspielfilm, nicht aber zum Beispiel ein Lehrfilm für Schüler oder Studenten.[29]

Im Zeitalter von Intermedialität und Medienwechsel ist Film eine Selbstverständlichkeit, das heißt, er ist ein Massenmedium geworden, was aber noch kein ausreichendes Argument für eine Filmanalyse ist.

Denn niemand würde regelmäßig rund zehn Mark für einen Kinobesuch ausgeben, wenn die gezeigten Filme für ihn alle so unverständlich wären, daß sie einer anschließenden erklärenden Analyse bedürften.[30] Deshalb wird auch an dieser Stelle immer wieder der Vorwurf laut, daß bei Filmanalysen nur „einem privaten Vergnügen unter dem Deckmantel von Wissenschaft nachgegangen wird".[31] Doch wie bei einem Buch, das wir erst lesen können, nachdem wir lesen gelernt haben, muß man Filme erst `sehen´ lernen. Denn sonst sind wir nicht in der Lage, den wahren Sinngehalt eines Filmbildes, das voller Bedeutungen steckt, zu erkennen. Denn bei einem Filmbild wird nie etwas dem Zufall überlassen. Jede Einstellung, jede Requisite und jedes noch so leise Geräusch wird ganz genau geplant und ein wie zufällig auf dem Boden liegender Gegenstand wurde vom Regisseur im Vorfeld genau an dieser und an keiner anderen Stelle plaziert, um Spannung aufzubauen, um dem Filmbild eine bestimmte Bedeutung zukommen oder um eine bestimmte Stimmung entstehen zu lassen.[32]

Einen Film zu sehen ist also leicht, ihn wirklich zu verstehen aber schwierig. Denn ein Film hat eine eigene Sprache, eigene Möglichkeiten und für deren Umsetzung eine eigene Technik während der Dreharbeiten sowie in der *Post-Produktion*. Je mehr man über diese Möglichkeiten Bescheid weiß, je besser

---

[29]   Vgl. Faulstich, Filminterpretation, S. 8f.

[30]   Vgl. Wolfgang Becker und Norbert Schöll, *Methoden und Praxis der Filmanalyse. Untersuchungen zum Spielfilm und seinen Interpretationen*, Schriftenreihe des Instituts Jugend, Film, Fernsehen 5 (Opladen, 1983), S. 12.

[31]   Wilhelm Hofmann, „Vorwort", in: *Sinnwelt Film. Beiträge zur interdisziplinären Filmanalyse*, herausgegeben von W. H. (Baden-Baden 1996), S. 7–12.

[32]   Werner Kamp und Manfred Rüssel, *Vom Umgang mit Film*, Vom Umgang mit...,1 (Berlin, 1998), S. 7f.

man die Sprache des Films spricht, desto eher kann man den Film und seine Be-
deutungsmöglichkeiten verstehen.[33]

Wer also gelernt hat, nicht nur Bücher, sondern auch Filme zu lesen, der wird
auch im speziellen Fall der Literaturverfilmung feststellen, daß sie mit ihren
medienspezifischen Möglichkeiten auch komplizierte Sachverhalte einer Textvorlage umsetzen kann.[34]

Was genau aber untersucht nun eine Filmanalyse?

Hierzu sei zunächst einmal gesagt, daß es keine allein gültige Filmanalyse gibt
und daß jeder Film einer für ihn spezifischen Analyse bedarf, da nie alle Fragestellungen für jeden Film angemessen sind.[35] Wie ein Film gesehen wird, hängt
zuerst einmal von seinem Betrachter ab, was dieser wahrnimmt und wie er das,
was er sieht, für sich interpretiert.[36] Sicher ist für den normalen Kinobesucher
ein Film zunächst einmal Freizeitunterhaltung. Er geht ins Kino, sieht sich einen
Film an und geht nach spätestens drei Stunden wieder nach Hause. Mit dabei hat
er dann einige Eindrücke, vielleicht eine bestimmte Stimmung, in die ihn der
Film versetzt hat, aber nur in ganz wenigen Fällen macht sich der normale Kinobesucher zu diesem Zeitpunkt noch viele Gedanken über den Film. Ein Filmkritiker hingegen kommt von dieser ersten Ebene des spontanen Eindrucks
berufsbedingt sehr schnell auf die zweite Ebene. Er ordnet und klassifiziert seine
Eindrücke, er reflektiert rational und logisch.

Nun gibt es aber noch eine dritte Ebene, die im günstigsten Fall, ausgehend von
der ersten über die zweite Ebene, der Filmwissenschaftler besetzen sollte.[37]
Werner Faulstich nennt das ein „Reflektieren des Reflektierens".[38]

Und genau an dieser Stelle setzt die Filmanalyse ein. Eine Filmanalyse ist glei-
chermaßen auch eine Formanalyse. Ein Film besteht aus mehreren Sequenzen,
die einen Handlungsabschnitt bilden.

---

[33] Vgl. James Monaco, *Film verstehen. Kunst, Technik, Sprache, Geschichte und Theorie des Films und der Medien*, deutsche Fassung herausgegeben von H.-M. Bock, (Hamburg, überarbeitete und erweiterte Neuausgabe 1995), S. 2. überarbeitete und erweiterte Neuausgabe 1995), S. 2.

[34] Vgl. Kamp/Rüssel, *Umgang mit Film*, S. 8.

[35] Vgl. Palmes, S. 9.

[36] Vgl. Becker/Schöll, S. 20.

[37] Vgl. Faulstich, Umgang mit Film, S. 7.

[38] Faulstich, S. 8.

Am deutlichsten ist eine Sequenz, wenn die Einheit des Ortes und der Zeit gegeben sind, also keine Zeitraffung oder Zeitdehnung vorgenommen wurde. Eine Sequenz ist nun wieder unterteilt in viele *Einstellungen*, die Filmbilder, als kleinste Einheiten eines Films.

Die Filmanalyse beschäftigt sich nun mit den unterschiedlichen Eigenschaften dieser Filmbilder und deren Wirkung auf den Film. Dabei geht es aber nicht nur darum, zu zeigen, was in diesen Filmbildern zu sehen ist, sondern vor allem, *wie* es zu sehen ist. Wie also zum Beispiel die Personen angeordnet sind oder wie die Landschaft und der Raum, als der Ort der Handlung, dargestellt werden. Ein Film kann erzählen und aussagen, doch was er erzählt oder aussagt, ist immer abhängig vom *wie*: von der Länge der Sequenzen oder von der Art der Einstellungen. Daher kann man einen Film nicht auf das reduzieren, was er darstellt, da dieses vom Darstellenden abhängig ist.[39] Eine wichtige Rolle spielt hier die Kameraperspektive, damit das Filmbild auch das vermitteln kann, was der Regisseur vermitteln will.

1. 4. Entstehungshintergrund des Films *Il nome della rosa*

Bereits lange vor dem eigentlichen Drehbeginn im Jahre 1985 begann die Vorgeschichte des Films *Il nome della rosa*. Drei Tage nach Erscheinen des Romans in Italien, rief Regisseur Marco Ferreri bei Umberto Eco an, einen Monat später Michelangelo Antonioni. Beide wollten die Rechte für eine Filmadaption.[40]

Umberto Eco selbst war für bildliche Elemente schon immer zu haben. So sagte er zum Beispiel in einem Interview mit Fulvio De Nigris, daß ein ideales Lexikon zur Erklärung der Bedeutung einer Sache nicht nur Worte, sondern auch visuelle Elemente benützen sollte.

Es schien ihm daher natürlich, daß ein narrativer Text auch visuell interpretiert werde.

---

[39] Vgl. Nia Perivolaropoulou, „ Analyse 5: Film", in: *Grundkurs Literatur- und Medienwissenschaft*, herausgegeben von Karl W. Bauer (München, 1992), S. 131–139.

[40] Vgl. Fulvio de Nigris, „'*Il nome della rosa*' dall'illustrazione al film. – Intervista a Umberto Eco", in: *La rosa dipinta*, herausgegeben von der Associazione Illustratori (Milano, 1985), S. 6–17, übers. von der Verfasserin.

Im April 1982, als *Il nome della rosa* in Frankreich noch nicht einmal erschienen war, las Jean-Jacques Annaud in der Zeitung *Le Monde de livres* einen Artikel von Mario Fusco über Umberto Ecos Roman.

Aus Neugierde ließ sich Annaud daraufhin den Roman besorgen und spielte von nun an mit dem Gedanken, die Rechte für einen gleichnamigen Film zu erwerben. Und bereits Mitte September desselben Jahres traf sich Annaud, der den Roman inzwischen unzählige Male gelesen hatte, in Mailand zum ersten Mal mit Umberto Eco. Mit der Zusicherung, historisch authentische Sandalen für die Franziskaner-Mönche und angemessene Kutten für die Benediktiner zu finden, versprach Annaud, einen Film, den das italienische Fernsehen höchstens als sechsstündigen feuilletonesken Abklatsch verfilmen könne, als guter Regisseur in zwei Stunden zu adaptieren. Umberto Eco zeigte sich vom Enthusiasmus des Filmemachers angetan und am 30. Oktober 1982 erhielten Produzent Gérard Lebovici und Jean-Jacques Annaud die Adaptions-Rechte an *Il nome della rosa*.[41]

Es folgten lange Diskussionen zwischen dem Autor des Originaltextes und dem Regisseur des Films, bei denen es hauptsächlich um die Atmosphäre und die allgemeine Ideologie des Filmes ging und die auch zur Zufriedenheit beider Seiten endeten.

Bei den zwei Drehbuchentwürfen für *Il nome della rosa*, die Umberto Eco im Vorfeld des Films zu lesen bekam, mußte er allerdings feststellen, daß viele Elemente seines Buches im Film nicht mehr vorhanden und einige davon durch neue und ganz andere ersetzt worden waren. Dennoch wußte Eco, daß Annaud aus seinem Roman keinen `neuen Indiana Jones-Film´ machen würde und angesichts des hohen philosophischen Wissens von Annaud befürchtete Eco zeitweise sogar einen zu stark philosophisch angehauchten Film.[42] Annaud selbst war erst mit dem fünfzehnten Entwurf des Drehbuches wirklich zufrieden.[43] Umberto Eco hingegen beunruhigten weiterhin die vielen Spezialeffekte, die seiner Meinung nach haarscharf an Disneyland vorbeischrammten, „basta lo scarto di un milimetro e si finisce a Disneyland"[44], und bei denen Regisseur und Techni-

---

[41] Vgl. Josée Benabent-Loiseau, *Le secrets de l'ours – Le film de Jean-Jacques Annaud* (Frankreich, 1988), S.17ff, übers. von der Verfasserin.

[42] Vgl. Nigris, S. 10.

[43] Vgl. Benabent, S. 32.

[44] Nigris, S. 10.

ker sehr aufpassen müßten, um den Film nicht als Zeichentrickfilm enden zu lassen.[45]

Bei den Dreharbeiten selbst war Umberto Eco dann allerdings nicht dabei. Er begründete diese Abwesenheit mit seinem Vertrauen in Jean-Jacques Annaud, aber auch damit, daß der Film kaum die theologische Thematik um alle Glaubensfragen seines Romans wiedergeben könne. Diese könne man auch nicht in den im Vergleich zum Roman wenigen Dialogen einem Schauspieler in den Mund legen. Daher müsse Annaud versuchen, sie in Form von Atmosphäre dem Zuschauer näher zu bringen.[46] Ähnlich aufwendig gestaltete sich dann die Suche nach einem geeigneten Drehort. Schließlich war es Produzent Bernd Eichinger, der, nachdem 300 Abteien vergeblich besichtigt worden waren, in Eberbach bei Frankfurt das passende Kloster fand. Das Kloster war seit fast 800 Jahren kaum verändert worden und eignete sich so perfekt für die Innenaufnahmen zu *Il nome della rosa*.

Für die Außenaufnahmen beschloß man schließlich, nach Prima Porta bei Rom auszuweichen und dort selbst ein `neues altes Kloster´ in Form von Kulissen aufzubauen. Da qualifizierte Handwerker für dieses Format von Film nur in Rom zu finden waren, wurden die aufwendigen Aufnahmen in Bibliothek und Labyrinth in die römischen Filmstudios *cinecittà* verlegt, wo Annaud unter anderem auf die fachlichen Qualitäten von Fellinis Filmdesigner und -architekten Dante Ferretti zurückgreifen konnte. Die Arbeiten an den Klosterkulissen für Porta Prima starteten schließlich Anfang 1985.[47]

Nachdem nun die richtigen Drehorte gefunden waren, fehlten noch die Schauspieler. Besonders schwierig war die Besetzung der Rolle des Adso. Dieser mußte zwar jung sein, durfte aber nicht kindisch oder unreif wirken. Zudem sollte er auch nicht zu gut aussehen, da dieser Aspekt sonst von dem eigentlichen Sinn des Films ablenken würde.[48]

Im Grunde genommen aber war Umberto Eco im Vorfeld der Dreharbeiten von der erfolgreichen Umsetzung seines Romans, auch wenn naturgemäß nicht alle Aspekte authentisch wiedergegeben werden könnten, vor allem deswegen über-

[45]   Vgl. Nigris, S. 10.
[46]   Vgl. Nigris, S. 10.
[47]   Vgl. Hans D. Baumann und Arman Sahihi, *Der Film: der Name der Rose. Eine Dokumentation*. (Weinheim, 1986), S. 7f.
[48]   Vgl. Baumann/Sahihi, S. 14.

zeugt, weil Regisseur Jean-Jacques Annaud, der besonders großen Wert auf Authentizität legte, seiner Meinung nach `feinfühlig und intelligent´[49] genug sei, um einen guten Film zu realisieren.

Die Dreharbeiten zu *Il nome della rosa* begannen schließlich am 11. November 1985 in Frankfurt und endeten am 20. März 1986 in Italien. Die *Post-Produktion* des Filmes wurde bis zum August 1986 abgeschlossen. [50]

---

[49]   Nigris, S. 10.
[50]   Vgl. Benabent, S. 35, übers. von der Verfasserin.

II. Probleme und filmdramaturgische Möglichkeiten bei der Adaption des Romans *Il nome della rosa*

2. 1. Die Handlungsstruktur bei *Il nome della rosa* im Vergleich von Roman und Film

2. 1. 1. Äußerer Aufbau – Kapiteleinteilung

Der Roman *Il nome della rosa* ist chronologisch in 7 Tage eingeteilt, was eine Anspielung auf die Schöpfungsgeschichte ist. Die einzelnen Tage sind wiederum in verschiedene Abschnitte gegliedert, die jeweils den liturgischen Stunden *Mattutino, Laudi, Prima, Terza, Sesta, Nona, Vespro* und *Compieta* entsprechen. Insgesamt besteht der Roman aus 50 Kapiteln, denn genau 50 Tage liegen zwischen Ostern und Pfingsten.

Auch im Film werden die liturgischen Stunden und die Gebete der Mönche genau eingehalten, der ungeübte Zuschauer aber erkennt den Beginn eines neuen Tages vor allem an den zwischenzeitlich eingeblendeten *Schnittbildern*, die meistens eine nächtliche Ansicht der Abtei oder die Abtei im Morgengrauen zeigen.

Die Filmhandlung findet ebenfalls an sieben Tagen (englische Originalversion) statt und ist in 70 Szenen mit ca. 1765 verschiedenen Einstellungen unterteilt.

Die Haupthandlung liegt hierbei in den Ermittlungen Guglielmo da Baskervilles zur Aufklärung der begangenen Morde, was aus der Dauer der einzelnen Szenen zu erkennen ist. Die philosophischen, politischen und theologischen Bezüge des Romans sind dieser Haupthandlung untergeordnet:

Szene 47, in der Guglielmo und Adso den Eingang zur Bibliothek finden und sich schließlich im Labyrinth verlieren, dauert länger als 11 Minuten. Das Gespräch zwischen Guglielmo und dem Abt, das sich auch im Roman über 13 Seiten erstreckt, dauert im Film 4 Minuten. Szene 9, in der Guglielmo und Adso den Tod Adelmos als Selbstmord entlarven, dauert knappe 3 Minuten und die Szenen 24 und 28, als Guglielmo und Adso zum ersten Mal das Scriptorium betreten, beziehungsweise als Guglielmo und Adso bei ihrem nächtlichen Eintreten ins Scriptorium von Berengario überrascht werden, dauern sogar 5 Minuten.

Weitere Schwerpunkte des Films liegen auf Szene 29, Adsos erotischem Abenteuer mit dem Bauernmädchen, auf Szene 43, in der Guglielmo die Morde aufklärt, auf Szene 59, dem Verhör der Gefangenen, auf Szene 49, in der Bernardo
Gui die Verbrechen aufgeklärt zu haben glaubt und natürlich auf Szene 63, in
der die Abtei in Brand gerät. Die anderen Szenen hingegen dauern meistens um
die 50 bis 60 Sekunden.

Der Handlungsspannungsbogen von *Il nome della rosa*, gemessen an der Einstellungsdauer sieht demnach wie folgt aus[51]:

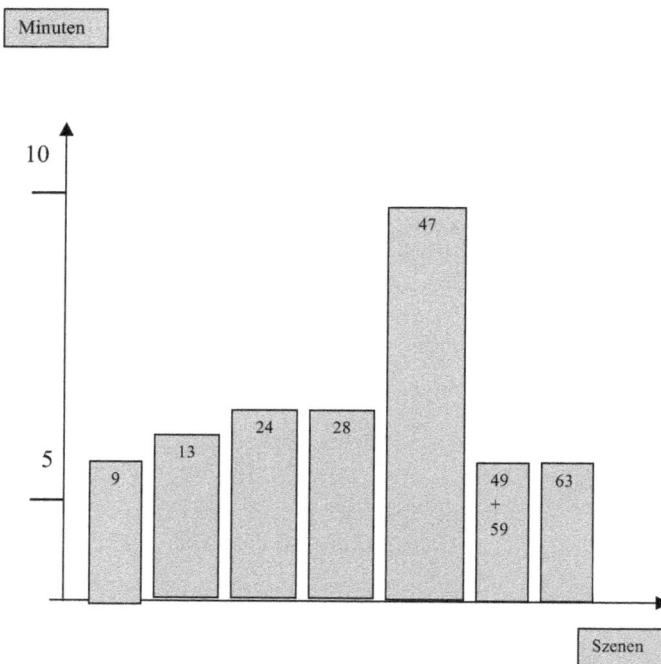

Abb. 3 Spannungsbogen der Filmhandlung von *Il nome della rosa*

---

[51]   Die folgende Grafik wurde auf der Basis einer eigenständigen Filmanalyse von der Ver-
       fasserin selbst erstellt.

Vergleicht man nun den Spannungsbogen der Filmhandlung mit dem Spannungsbogen der Romanhandlung, so fällt auf, daß sich die Handlung im Roman gleichmäßiger verteilt als im Film. Im Film liegt ein deutlicher Schwerpunkt auf Szene 47, in der sich Guglielmo und Adso im Labyrinth befinden.

Seitenanzahl

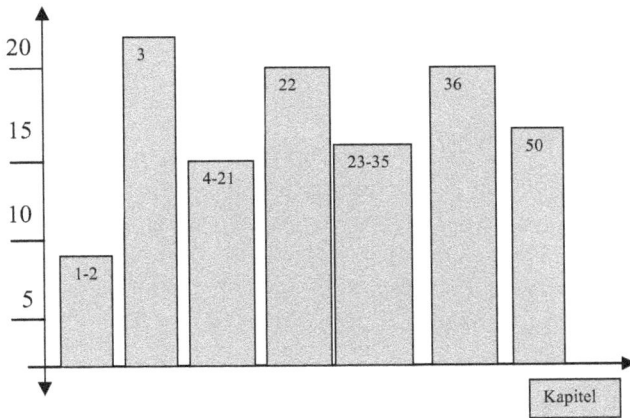

Abb. 4 Spannungsbogen der Romanhandlung von *Il nome della rosa* [52]

2. 1. 2. Handlung

Die Skepsis, die Literaturverfilmungen immer wieder entgegengebracht wird, entsteht nicht zuletzt durch Umsetzungsprobleme, die bei einer Adaption natürlich zunächst auftreten können. Was als erstes und wohl jedem auffällt ist, daß ein Roman meistens mehrere hundert Seiten hat, die der Film im Zeitraum von höchstens zweieinhalb Stunden vermitteln muß. Hierbei werden nicht selten die

---

[52] Diese Grafik wurde von der Verfasserin erstellt.

Dialoge anspruchsloser, das Ambiente verändert und die Charaktere verein-
facht.[53]

Ein Drehbuch besteht in der Regel aus ca. 125–150 Seiten, während für einen
Roman ungefähr das Vierfache nötig wäre, um keine Handlungsdetails auszulas-
sen.[54]

Auch bei *Il nome della rosa* ist dieses Problem evident und dementsprechend
schwierig gestaltete sich auch das Schreiben des Drehbuches. Gerade bei diesem
Roman mit über 500 Seiten und mit all seinen Seitengedanken und Nebensträn-
gen der Handlung war es für die Drehbuchautoren nicht leicht, die Balance zwischen „Kürze und Würze" zu finden ohne dabei das Werk und seine
Lebendigkeit zu zerstören.[55]

2. 1. 2. 1. Der Prolog und der politische Hintergrund der Handlung von *Il nome della rosa*

Im Roman wie im Film ist die Handlung von *Il nome della rosa* im Mittelalter,
im Jahr 1327 angesiedelt. Der Leser des Romans erfährt dies gleich auf der ersten Seite des Prologs „[...] al finire dell'anno del Signore 1327[...]"[56] und dem
Zuschauer wird es fast wortwörtlich im Prolog des Films noch in der *Schwarzblende* mitgeteilt: „sul finire dell'anno del Signore 1327".[57]

Der Film beginnt jedoch nicht mit dem Anfang des Johannesevangeliums wie
der Roman: „In principio era il Verbo [...]" (*Il nome della rosa*, S. 19). Dies läßt
darauf schließen, daß im Film zunächst die Erklärung der Handlung und die Erzählsituation und nicht die religiösen Anspielungen des Romans den Schwerpunkt des Filmanfangs bilden, damit sich der Zuschauer erst einmal zurechtfinden kann.

---

[53] Vgl. Wilmont Haacke, „ Das Problem der Transformation, unter dem Aspekt von `Ab-
straktion und Reduktion´ betrachtet", in: *Literaturverfilmungen*, herausgegeben von
Helmut Popp (München, 1984), S. 42–45.

[54] Vgl. Monaco, S. 45

[55] Vgl. Baumann/Sahihi, S. 12f.

[56] Umberto Eco, *Il nome della rosa*, herausgegeben von Tascabili Bompiani, (Milano,
1980, XLIII edizione 1999), S. 19.

[57] *Filmtext*, nach: Annaud, Jean-Jacques, Video, *Il nome della rosa*, produziert von Bernd
Eichinger, Neue Constantin Filmverleih (München, 1987).

Die Roman-Handlung hat einen politischen Hintergrund. Am ersten Tag erreichen der junge Benediktinernovize Adso da Melk und der Franziskanermönch Guglielmo da Baskerville eine oberitalienische Benediktinerabtei. Guglielmo agiert im Auftrag des Kaisers Ludwig der Bayer, der sein Erbe in Italien sichern möchte. Um das zu erreichen, will Kaiser Ludwig die italienischen Fürsten dazu anstiften, ihre Interessen gegenüber Papst Johannes XXII von Avignon durchzusetzen.

Gegen diese ketzerischen Aufrührer, die behaupten, daß der materielle Reichtum nicht der Kirche, sondern dem Kaiser zustehe, möchte wiederum der Papst vorgehen. Guglielmo da Baskerville soll nun in der italienischen Abtei eine Besprechung zwischen einer päpstlichen Delegation und den ketzerischen Franziskanern leiten und das Verhältnis des Franziskanerordens zur Kirche wieder in Ordnung bringen. Der Leser des Romans erfährt diesen politischen Hintergrund der Handlung und deren reale Bezüge gleich auf den ersten drei Seiten des Prologes.[58] [59]

Im Film wird er dem Zuschauer erst nach und nach im Laufe der eigentlichen Handlung durch die Dialoge der Protagonisten deutlich, da diese Hintergründe für einen Kinofilm zu ausschweifend und zudem nicht unmittelbar relevant für dessen eigentliche Handlung sind. Ein Kinobesucher ist im Normalfall nicht an geschichtlichen Hintergründen interessiert, sofern diese nicht zum Fortschritt der Filmhandlung dienen. Daher fällt diese Rahmenhandlung von *Il nome della rosa* bei der Adaption der notwendigen Kürzung zum Opfer und wird zunächst zurückgestellt.

Auch im Film soll Guglielmo zwar eine Konferenz vorbereiten. Bei dieser steht aber hauptsächlich die Frage im Raum, ob Christus selbst Eigentum hatte oder nicht. Denn davon hängt es ab, ob die Kirche arm sein soll, was der Franziskanerorden verlangt, oder ob sie, wie es der Papst fordert, Reichtümer und Macht benötigt.[60]

---

[58] Vgl. Eco, *Rosa*, S. 19–21.
[59] Vgl. Cerstin Urban, *Erläuterungen zu Umberto Eco* Der Name der Rose, herausgegeben von Klaus Bahners, Gerd Eversberg u.a., Königs Erläuterungen und Materialien 391 (Hollfeld, 1998), S. 16f.
[60] Vgl. Baumann/Sahihi, S. 5.

2. 1. 2. 2. Adsos Entscheidung zwischen zwei Welten

Adso hat sein nächtliches Abenteuer mit dem Bauernmädchen am dritten Tag „dopo compieta", im Film wird es in die Nacht auf den dritten Tag vorverlegt. Ansonsten verläuft die Handlung ungefähr gleich. Allerdings empfindet Adso im Film mehr Angst als im Roman. Dadurch wird sein Fehltritt deutlicher und der Zuschauer spürt instinktiv Adsos Gewissensbisse.

Nachdem das Bauernmädchen festgenommen und verhört wurde, nimmt es Inquisitor Bernardo Gui im Roman zusammen mit den zwei anderen Gefangenen mit nach Avignon. Adso muß sich daher nicht zwischen dem Mädchen und einem Leben als Mönch entscheiden. Im Film hingegen sollen die Gefangenen gleich an Ort und Stelle verbrannt werden, doch Bernardo Gui wird bei seiner mißglückten Flucht vom aufbegehrenden Bauernvolk getötet. Dadurch kann das Bauernmädchen befreit werden und es erscheint Adso am Schluß noch einmal.

Diese Änderung ist im Film notwendig, da zwar für den Leser des Romans klar ist, daß Adso die Welt des Mädchens nicht mit seiner vereinbaren kann, Regisseur Jean-Jacques Annaud aber befürchtete, der Zuschauer seines Films könne nicht verstehen, warum das Mädchen plötzlich nicht mehr zu sehen sei. Um die unvereinbaren Welten der beiden deutlich zu machen, kamen Umberto Eco und Annaud im Vorfeld der Dreharbeiten schließlich zu dem Schluß, daß das Mädchen noch einmal in Erscheinung treten müsse. [61] Adso muß sich dabei entscheiden, ob er dem Mädchen folgt, oder Guglielmo nachreitet, also in seiner Welt bleibt. Daß Adso sich zunächst unschlüssig in beide Richtungen wendet und später noch einmal stehenbleibt, um sich zu dem Mädchen umzudrehen, macht dem Zuschauer seinen Gewissenskonflikt deutlich.

2. 1. 2. 3. Schlußhandlung und Epilog

Il nome della rosa endet mit einem Epilog des alten Adso, der erzählt, daß er Guglielmo nach 1327 nie mehr wiedergesehen habe, die Abtei aber habe er nach vielen Jahren noch einmal besucht und dabei verkohlte Blätter der alten Bibliothek gefunden[62]:

---

[61]   Vgl. Nigris, S. 10.
[62]   Vgl. Urban, S. 16ff.

[...] Non lo vidi più. [...] Non resistetti alla tentazione per rivisitare quello che era rimasto dell'abbazia. [...] Dentro vi stava ancora qualche foglio. [...] Raccolsi ogni reliquia che potei trovare[...].

(*Il nome della rosa*, S. 501ff.)

Der Film arbeitet kontinuierlich auf den Höhepunkt hin, auf die Szene, in der die Bibliothek zu brennen beginnt. Hier siegt am Ende die Menschlichkeit, Guglielmo und Adso finden wieder zusammen und Adso entscheidet sich nach vielen Zweifeln endgültig für sein Leben als Mönch.

Eine Rückkehr an den Ort, an dem seine Zweifel entstanden sind, würde den Zuschauer nur verwirren. Allerdings endet auch der Film mit einem Epilog. Er bedient sich hierbei der Stimme des alten Adso aus dem *OFF*. Dem Zuschauer wird damit erklärt, wie es nach der im Film erzählten Zeitspanne weiterging und es wird ihm zusätzlich noch einmal bewußt gemacht, daß es sich bei dieser Stimme um den alten Adso handelt, der auf die Erlebnisse seiner Jugend zurückblickt:

Ripeto ancora oggi a me stesso che la mia scelta fu buona. E feci bene seguire il mio Maestro. Quando in fine ci separammo egli mi fece il dono delle sue lenti.[...] Non lo vidi più ne so che cosa sia accaduta di lui. [...] Ma – ora che sono molto, molto vecchio, [...].

(Schwarzblende nach Film)

Probleme, die in bezug auf die Handlungsstruktur bei einer Literaturverfilmung entstehen, basieren zunächst einmal auf der notwendigen Reduktion. Das Weglassen verschiedener Teile der Handlung kann beim Zuschauer leicht zu Verständnisproblemen führen. Daher dürfen relevante Sachverhalte natürlich nur dann gekürzt werden, wenn der Zuschauer der Handlung nach der Kürzung trotzdem noch folgen kann oder wenn sie ihm auf andere Weise kenntlich gemacht werden.

2. 1. 3. Zusätzliche Probleme bei der Filmversion

2. 1. 3. 1. Verkürzungen und Zusätze

Beim Vergleich der Handlung von Roman und Film wird deutlich, daß fast alle Kapitel des Romans bei der Adaption berücksichtigt wurden.

Die Filmhandlung läuft relativ geradlinig und in entsprechend verständlicher Form für den Zuschauer ab. Er erlebt zusammen mit Guglielmo und Adso den

Tagesablauf in der oberitalienischen Abtei. Allerdings werden einige Szenen durch andere unterbrochen. Szene 47 zum Beispiel, in der Guglielmo und Adso die Bibliothek erforschen, wird von Szene 48 unterbrochen, in der Inquisitor Bernardo Gui eintrifft. Und in Szene 54, in der die Debatte zwischen der päpstlichen Delegation und den Franziskanern stattfindet, sieht man im Wechsel immer wieder Severino, der das griechische Buch gefunden hat. Damit wird dem Zuschauer die Gleichzeitigkeit der beiden Handlungsabschnitte verdeutlicht.

Des sogenannten *Rückblicks* bedient sich Guglielmo in Szene 43, als er die Abläufe der begangenen Verbrechen erklärt. Der Zuschauer kann so die Morde genau nachvollziehen, weil er sie nun bildlich vor sich sieht. Dadurch wird ihm auch das Verständnis der komplizierten Zusammenhänge erleichtert. – Daß eigentlich der gesamte Film ein Rückblick ist, wird dem Zuschauer zwar immer wieder durch die Stimme des alten Adso vermittelt, jedoch hört man diesen nur als *Stimme aus dem OFF*, das Geschehen in der Abtei hat man aber visuell vor sich. Daher fühlt sich der Zuschauer nicht in der Rolle des sich zurückerinnernden Adso, sondern als Teil des Geschehens.

Manche Kapitel fallen im Film ganz weg, da sie nicht handlungsrelevant sind oder die darin vorkommenden Personen keine Berücksichtigung im Film gefunden haben. Auf die Personen wird unter Punkt 2. 4. näher eingegangen Einige Kapitel werden zum Teil auch durch andere ersetzt oder mit anderen zusammengelegt. So zum Beispiel das Kapitel „Verso Nona" am ersten Tag, in dem Guglielmo mit Severino ein Gespräch über die Wirkung von Kräutern und über Adelmos Beziehung zu Berengario führt.[63] Dieses Gespräch wird im Film in die laufende Handlung eingegliedert und findet während der Obduktion der Leiche Venanzios in Szene 20 statt. Die Gespräche mit Jorge über das Lachen werden hingegen in einer einzigen Szene (Szene 24) zusammengenommen. Mit Hilfe dieser beiden Verfahren konnte auch die erzählte Zeit der Handlung verkürzt werden.

Die Filmhandlung verläuft also chronologisch gesehen anders als ihre Vorlage. Damit wird der Handlungsverlauf deutlicher und straffer und somit ein besseres Verständnis der Zuschauer erzielt. Unterschiede in der Handlung von Roman und Film gibt es auch darin, wann Leser beziehungsweise Zuschauer von einigen Ereignissen erfahren bzw. wann die einzelnen Personen in die Handlung eingeführt werden. Die Hintergründe der Handlung, zum Beispiel warum Gu-

---

[63] Vgl. Eco, *Rosa,* S. 73–78.

glielmo und Adso in die Abtei kommen, die Vorgeschichte Guglielmos oder was es mit der geheimnisvollen Bibliothek auf sich hat, erfahren die Zuschauer im Film erst nach und nach im Laufe des Geschehens und meistens zu einem späteren Zeitpunkt der Handlung als der Leser im Roman. Sie werden dem Zuschauer weitgehend in Form von Dialogen vermittelt.

Der Leser des Romans erfährt zum Beispiel gleich nach 7 Seiten, im „Terza" des ersten Tages, daß Guglielmo und Adso der Zutritt zur Bibliothek verwehrt ist:

> *Potete aggirarvi per tutta l'abbazia, ho detto. Non certo per l'ultimo piano dell'Edificio, nella biblioteca.* (*Il nome della rosa*, S.43)

Im Film wird das erst relativ spät deutlich, als Guglielmo und Adso am dritten Tag in Szene 37 die offene Tür zur Bibliothek sehen:

Adso: *Maestro, guarda! La porta!* (Guglielmo und Adso rennen zur Tür)

Malachia kommt heraus und stellt sich ihnen in den Weg.[...]

Guglielmo: *Sarei curiosa di vedere la biblioteca da solo. Posso salire?*

Malachia: (hält ihn auf) *No!*

Guglielmo: *E perché no?*

Malachia: *Una rigida norma del abate* (macht dieTür zu) *vieta l'accesso alla biblioteca a tutti, tranne a me stesso e al mio assistente.*

(Szene 37)

Der Grund, warum diese Information im Film erst später gegeben wird, ist zum einen, weil die Handlung damit geradliniger verläuft,[64] was das Verständnis der Zuschauer erhöht und bedeutet, daß der Handlung hier eine größere Bedeutung zugemessen wird als im Roman. Die grausamen Verbrechen und Guglielmos Ermittlungen stehen in der Filmhandlung also im Vordergrund. Und zum anderen, weil es für diesen Handlungsschwerpunkt notwendig ist, Spannung kontinuierlich aufbauen zu können. Wäre der Zuschauer gleich von Beginn an informiert, daß Guglielmo und Adso bei ihren Ermittlungen die Bibliothek nicht betreten dürfen, hätte Adso die offene Tür gar nicht beachtet und es hätten beide nicht zur Tür rennen müssen.

---

[64] Vgl. Strautz, S. 34.

Im Film fällt zum Beispiel auch die Stelle des Romans den erforderlichen Kürzungen zum Opfer, in der Guglielmo schon vor seiner Ankunft in der Abtei zum Auffinden des entkommenen Pferdes Brunello beiträgt und damit bereits zu Beginn der Handlung seine inquisitorischen Fähigkeiten unter Beweis stellt. Der Zuschauer erfährt davon erst in der 5. Szene, als Guglielmo Adso genau den Weg zur Toilette beschreiben kann, ohne vorher die Abtei besichtigt zu haben:

Guglielmo: *Per dominare la natura, prima dobbiamo apprendere a obbedirla! Quindi torna nella corte [... entra nel chiostro sulla destra e là troverai il luogo di cui hai bisogno, dietro il terzo arco.*

Adso: *Ma voi non avevate mai visitato questa abbazia?*

Guglielmo: *Arrivando ho visto un fratello che vi si dirigeva correndo con una certa fredda e poi l'ho visto uscirne più lentamente e con aria molta soddisfatta.*

(Szene 5)

2. 1. 3. 2. Veränderte Personenkonstellation und zusätzlich aufgenommene Szenen

Bei einer Adaption kommt es häufig vor, daß man bei einigen Szenen nicht die gleichen Personen wiederfindet, weil der unterschiedliche Handlungsschwerpunkt beziehungsweise die andere Abfolge der Handlung eine andere Personenkonstellation notwendig macht.

Ein Beispiel hierfür ist gleich die zweite Szene von *Il nome della rosa*. Guglielmo und Adso werden nicht wie im Roman vom Abt persönlich begrüßt. Dies ist hier notwendig, weil der Abt die Ankunft der beiden erst einmal aus der Ferne beobachtet und dann in der darauffolgenden Szene ein Gespräch mit dem Bibliothekar Malachia hat.

In diesem Gespräch werden dem Zuschauer einige wichtige Informationen über den Handlungsablauf gegeben, allerdings gerade nur so viel, daß sein Interesse geweckt und gleich zu Beginn Spannung aufgebaut wird:

Abt: *Glielo dovremmo dire?*

Malachia: *No! Andrebbe a cercare nei posti sbagliati.*

Abt: *Eh! Se venisse a saperlo – per suo conto...!*

Malachia: *Voi sopravvalutate i suoi talenti, Magnificentissimo! C'è solo un autorità in grado di investigare tale materie: la Santa Inquisizione!*

(Szene 4)

Man weiß nicht genau, was der Abt Guglielmo sagen müßte und was die „posti sbagliati" sind, erkennt aber durch dieses Gespräch, daß es sich um etwas Geheimnisvolles handeln muß. Gleichzeitig wird die „Santa Inquisitione" an dieser Stelle bereits eingeführt. Der Zuschauer wird also auf die zukünftige Handlung vorbereitet, weiß aber noch nichts Genaues.

Und wenn sich Berengario in Szene 14 peitscht, um sich von seiner Schuld zu befreien, dient das dazu, um Guglielmo die Ermittlungen einfacher zu machen und sie später im Rückblick von Szene 43 dem Zuschauer vor Augen zu führen.

Ein weiteres Beispiel ist, daß Adso im Film von Guglielmo und nicht von Ubertino über die Dolcinianer aufgeklärt wird[65]. Ein zusätzliches Gespräch Adsos mit Ubertino wäre für den Film überflüssig und so wird es einfach in die Handlung eingegliedert. Guglielmo und Adso sind in Szene 23 auf dem Weg zu ihren Ermittlungen, und dabei erklärt Guglielmo Adso, der in der Szene zuvor durch Salvatore von der Existenz der Dolcinianer erfahren hatte, was es mit diesen auf sich hat. Somit wird auch dem Zuschauer, der im Normalfall das gleiche Wissensdefizit wie Adso aufweist, das für die Filmhandlung Notwendige, in ein paar Sätzen erklärt, ohne daß die Handlung dafür unterbrochen wird.

Wichtig für die Filmhandlung sind auch die Szenen 27 und 32 am zweiten Tag, in denen man jeweils kurz das Bauernmädchen in die Küche einsteigen bzw. wieder heraussteigen sieht, denn sonst würde der Zuschauer nicht verstehen, wie das Mädchen in die Küche gelangt. Das Mädchen muß sich hier vor Remigio verstecken, vor dem auch Adso flieht. Dadurch treffen sich die beiden.

Der Zuschauer erlebt auch den Mord an Severino „live" mit. Im Roman wird diese Sequenz ausgespart. Für den Zuschauer ist es dadurch leichter, sich die Grausamkeit der Verbrechen vorzustellen. Außerdem erkennt er spätestens hier aufgrund des Handlungsverlaufes und der *Kamerabewegung*, die den Blick des Zuschauers immer wieder auf das mysteriöse Buch lenkt, daß dieses Buch der Schlüssel zu allem sein muß.

---

[65] Vgl. Eco, Rosa, *Terzo giorno/Dopo compieta*, S. 224ff.

Der Film baut außerdem dadurch Spannung auf, daß Guglielmo durch seinen Widerspruch beim Verhör, in dem er, entgegen der Aussage Guis, Remigio für nicht schuldig an den Verbrechen in der Abtei befindet, unter die Aufsicht eines Soldaten gestellt wird. Dadurch werden seine weiteren Ermittlungen erschwert und er kann sich erst am Schluß, durch das durch Malachias Tod entstandene Durcheinander, der Aufsicht des Soldaten entziehen.

Eine weitere Änderung findet in der Schlußhandlung statt. Im Roman sucht Adso Guglielmo und kann ihn nicht finden, da Guglielmo in ihrer Kammer war, um sein Hab und Gut zu retten. Die Filmhandlung hebt eindeutig die Bedeutung der Bücher hervor, da Guglielmo zwischen den lodernden Flammen bis zum letzten Augenblick versucht, diese zu retten.

2. 1. 3. 3.   Das Problem der Anschlußszenen im Film

Anschlußszenen hängen im Film immer mit größeren Problemen zusammen. Daher gibt es bei professionellen Filmproduktionen meistens jemanden, der nur für diesen Bereich zuständig ist. Ein Film wird nämlich nicht, wie sicher einige Zuschauer vermuten, chronologisch abgedreht. Die Reihenfolge, in der die Szenen gedreht werden, entspricht also nicht der, die später als fertiger Film im Kino zu sehen ist. Dadurch entsteht dann das Problem des sogenannten Anschlusses.

Auch die Außenaufnahmen von *Il nome della rosa* waren davon betroffen. Unerwarteter Schneefall und folgendes Tauwetter in Norditalien sorgten dafür, daß Filmtechniker und Beleuchter schon lange vor Drehbeginn im Einsatz waren. Denn wenn im Film zum Beispiel Guglielmo und Adso über das Abteigelände gehen und sich dabei unterhalten, wird das Gespräch der beiden als *Nah-* oder *Großaufnahme* gefilmt[66]:

Um nun die Kameras und Lichtanlagen nicht ständig umbauen zu müssen, wurden an einem Tag die Total-Aufnahmen und an einem anderen die Nahaufnahmen gedreht, also ökonomisch aber nicht chronologisch. Da nun am einen Tag etwas Schnee lag und der Himmel bewölkt war, am nächsten Tag aber Tauwetter einsetzte und die Sonne schien, mußte nun der Schnee künstlich und das Licht von den Lichttechnikern geschaffen werden, um keinen Sprung in der Szene entstehen zu lassen. Auch mußten die Maskenbildner darauf achten, die

---

[66]   Vgl. Baumann/Sahihi, S. 7f.

Darsteller wieder genauso zu schminken und deren Kleidung durfte am anderen Drehtag natürlich nicht anders aussehen als am Tag zuvor, da es sich im Endprodukt schließlich um die gleiche Szene handelt.[67]

2. 2. Erzählstruktur

An dieser Stelle soll im Rahmen des Vergleiches von Roman und Film *Il nome della rosa* dargelegt werden, welche Erzählmöglichkeiten des Romans für die filmische Umsetzung in Frage kommen. Der am häufigsten vorkommende Unterschied ist dabei, daß das, was im Roman auf dem verbal-kommunikativen Weg ausgedrückt wird, im Film oft die Handlung selbst übernimmt. Man spricht dabei von einem *darstellenden Erzählen im Film*. Daneben gibt es noch das *vermittelnde Erzählen im Film*, wenn die Kamera den Blick des filmischen Erzählers wiedergibt.[68] Unter Erzählakt versteht man im Film nicht die Dialoge oder die dargestellte Handlung der Schauspieler, sondern die Kamerahandlung. Also die unterschiedliche Perspektive, die verschiedenen Einstellungsgrößen und *Einstellungslängen*. Diese ergeben in ihrer Gesamtheit gesehen die Erzählstruktur eines Filmes.

Die Erzählsituation von *Il nome della rosa* wird schon im Vorwort des Romans klar, im Film wird die Erzählsituation in der dem Vorwort entsprechenden Schwarzblende noch vor dem Vorspann deutlich.

2. 2. 1. Probleme bei der Umsetzung der Erzählsituation von *Il nome della rosa*

Der Roman *Il nome della rosa* ist eine in eine Rahmenhandlung eingebettete Ich – Erzählung. Der alternde Benediktinermönch Adso erzählt rückblickend die Ereignisse, die er an sieben Tagen seiner Jugend erlebt hat und kommentiert und komplettiert sie dabei mit der Erfahrung seines Alters. Der Erzähler tritt dabei direkt in Erscheinung und gibt sich als rückblickender Greis zu erkennen:

---

[67] Vgl. Baumann/Sahihi, S. 7f.

[68] Vgl. Jan-Marie Peters, „Sprechakttheoretische Ansätze zum Vergleich Roman-Film", in: *Methodenprobleme der Analyse verfilmter Literatur*, herausgegeben von Joachim Paech (Münster, 2. überarbeitete Auflage 1988), S. 45–61.

[...] mi accingo a lasciare su questo vello testimonianza degli eventi
mirabili e tremendi a cui in gioventù mi accadde di assistere [...].

(*Il nome della rosa*, S. 19)

Zwischendurch gibt es aber immer wieder Passagen, in denen der junge Adso
der Erzähler ist. Diese Erzählerebene des jungen Adso übernimmt im Film die
Handlung selbst, es muß hier keinen Erzähler geben, der das Geschehen erzählt,
da es der Zuschauer bildlich vor sich sieht.

Zusätzlich gibt es im Roman noch einen Erzähler aus der heutigen Zeit, der Adsos Aufzeichnungen gelesen hat und sie nun nachkonstruiert. Dadurch wird der
Eindruck von Historizität verstärkt. Gegenwart und Vergangenheit werden hier
also miteinander vermischt. Zudem wird der Leser des Romans immer wieder
als solcher angesprochen[69]:

[...] scritto su questi fogli, che ora tu leggerai, ignoto lettore, altro non
sia [...].

(*Il nome della rosa*, S. 503)

Den Erzähler aus der heutigen Zeit, der die Handlung rekonstruiert, treffen wir
im Film nicht wieder, weil es für die Filmhandlung zu unübersichtlich wäre,
wenn ein weiterer Erzähler aus dem *OFF* sprechen würde. Außerdem soll dieser
Erzähler aus der heutigen Zeit dem Roman historische Genauigkeit und Authentizität verleihen, was im Film nicht unbedingt notwendig ist, da die Authentizität
hier durch die visuelle Ebene, also zum Beispiel durch die richtige Wahl der Requisiten oder durch die genaue Darstellung der mittelalterlichen Zeit entsteht.

Wie dem Leser des Romans, wird dem Zuschauer aber auch im Film klar, daß es
sich bei *Il nome della rosa* um einen Erzähler handelt, der auf Ereignisse seiner
Jugend zurückblickt:

Giunto al termine della mia vita di peccatore, mentre declino canuto
insieme al mondo, mi accingo lasciare su questa pergamena
testimonianza degli eventi mirabili e tremendi a cui mi accadde di
assistere in gioventù [...]

(Schwarzblende vor Filmbeginn)

Der kommentierende alte Adso erscheint im Film immer als *Stimme aus dem*
OFF. Somit wird erkennbar, daß die *Handlung im On*, also die sichtbare Hand-

---

[69]   Vgl. Urban, S. 58ff.

lung, die Zeit des jungen Adso ist, und die *Kommentare aus dem Off* der alte Adso. Daß der Abstand zwischen dem erzählenden und dem erlebenden Ich sehr groß ist, erkennt man auch im Film vor allem an diesen Kommentaren, die auch die eingeschränkte Perspektive des jungen Adso und das größere Wissen des alten Adso deutlich machen. Die Dauer der erzählten Zeit ist im Film wie im Roman auf sieben Tage beschränkt.

Der Zuschauer wird im Film auch nicht explizit als Zuschauer angesprochen. Trotzdem wird ihm immer wieder bewußt gemacht, Zuschauer zu sein. Hier übernimmt die Kamera diese Funktion. In Szene 6 zum Beispiel, wurde das Gespräch zwischen Guglielmo und dem Abt zum Teil im *Schuß-Gegenschuß-Verfahren* aufgenommen, das heißt der Zuschauer blickt erst dem einen, dann dem anderen Gesprächspartner ins Gesicht, was ihm das Gefühl gibt, direkt am Gespräch beteiligt zu sein. Zum anderen Teil wurde das Gespräch *over-shoulder* gefilmt. Der Zuschauer blickt dabei nur von hinten über die Schulter eines Gesprächspartners, wodurch er das Gefühl erhält, eben nur Zuschauer zu sein.

Gerade an dieser Szene ist auch zu erkennen, daß die Kamera im Film die Funktion des Erzählers übernimmt. Sie führt den Zuschauer gewissermaßen durch das Geschehen und lenkt seine Aufmerksamkeit immer wieder auf wichtige Dinge, indem diese in *Groß-* oder sogar *Detailaufnahme* gezeigt werden.

Doch dadurch ergeben sich zwei weitere Probleme. Erstens kann die Kamera den Zuschauer nicht wie ein Erzähler über die zeitliche Abfolge des Films aufklären. Der Film muß sich daher, will er die Dialoge der Protagonisten nicht um diese zeitliche Information erweitern, entweder eines *Erzählers aus dem OFF* oder der häufiger gewählten *Einblendung* am unteren Bildrand, wie zum Beispiel *4 Jahre später*, bedienen. Eine weitere Möglichkeit wäre, dem Zuschauer durch regelmäßiges Einblenden zum Beispiel einer zur Landschaft passenden Turmuhr oder durch den Wechsel von Tag und Nacht, wofür sich Jean-Jacques Annaud bei *Il nome della rosa* entschieden hat, auf die jeweilige Zeitspanne aufmerksam zu machen. Zum anderen kann der Stil des Erzählers, der zum Beispiel fragend, ironisch oder zweifelnd ist, nicht mehr adäquat wiedergegeben werden. Der Roman kann dabei mit seinen Worten spielen, ein Film dagegen hat nie so viele Worte wie ein Roman. Diese Aufgabe müssen nun visuelle oder akustische Darstellungsformen übernehmen. So können Guglielmos und Adsos

Stimmungen zum Beispiel nur über bestimmte Kameraperspektiven, Toneinspielungen oder die Mimik der Schauspieler vermittelt werden.[70]

Beim Film aber sieht und hört der Zuschauer trotzdem viel mehr, als ihm der Regisseur unbedingt mitteilen möchte, denn der Zuschauer kann selbst entscheiden, welches Detail des Bildes er genauer betrachten möchte. Dadurch verändert sich ein Bild eines Filmes immer wieder, je nachdem wie der Zuschauer es betrachtet.

Die Worte im Roman dagegen bleiben immer dieselben. Unter diesem Blickwinkel ist der Film ein viel reichhaltigeres Erlebnis als der Roman, da der Zuschauer dadurch aktiver am Film teilnimmt.[71] Wie wichtig dabei für die Erzählstruktur Kameraperspektive und Kamerabewegung sind, wird unter Punkt 2. 7. beschrieben.

Roman und Film entsprechen sich aber bei der Darstellung der Jahreszeit, in der die Handlung angesetzt ist. Damit der zweite Mönch Venanzio im Schweineblut ertrinken kann, muß die Handlung in einer Zeit spielen, in der Schweine geschlachtet werden. Außerdem muß es natürlich eine Jahreszeit sein, in der bereits Schnee liegt, damit Guglielmo Fußspuren finden und untersuchen kann. Im November ist es dafür allerdings in Italien noch zu warm, daher setzt Eco die Handlung Ende November an und verlegt die Abtei in die Berge, wo es um diese Zeit schon kälter ist:

> *Era una bella mattina di fine novembre. Nella notte aveva nevicato [...].*
> *Poi ci eravamo messi in viaggio verso le montagne [...].*
>
> (*Il nome della rosa*, S. 29)

Hier gab es bei der Umsetzung in den Film keine größeren Probleme. Zwar steht die Film-Abtei nicht wirklich auf einer Bergspitze mitten im Gebirge, so wie es letztlich im Film zu sehen ist, sondern es wird hier nur ein sogenanntes *Matte-Painting*, also ein gemaltes Bild der Abtei eingeblendet, jedoch liegt auch im Film etwas Schnee und man kann die Jahreszeit auf ungefähr Ende November schätzen.[72]

---

[70] Vgl. Strautz, S. 11f.
[71] Vgl. Monaco, S. 46f.
[72] Vgl. Baumann/Sahihi, S.33.

2. 2. 2. Transformationsprobleme bei der Ich-Erzählung von *Il nome della rosa*

Probleme bei der Transformation der Erzählstruktur entstehen vor allem bei Ich-Erzählungen wie *Il nome della rosa*. Die Erzählweise eines Films ist nämlich im Normalfall auktorial.

Dadurch kann die Handlung chronologisch verständlich wiedergegeben werden. Rückblicke und Erinnerungen, die diese Zeitstruktur der Handlung unterbrechen, werden durch filmdramaturgische Mittel klar erkennbar gemacht und können vom Zuschauer leicht nachvollzogen werden.[73] Bei der Ich-Erzählung wird die Handlung aus einem subjektiven Blickwinkel erzählt. Der Protagonist beschreibt, was er sieht und interpretiert das Gesehene dabei durch seine Wortwahl aus seiner Sicht. Die Kamera hingegen kann nicht zwischen Wiedergabe des Gesehenen und subjektiver Wahrnehmung unterscheiden, sie ist keine vermittelnde Instanz in dem Sinne, wie es der Erzähler sein kann.[74]

Auch dürfte der Zuschauer bei einer Ich-Erzählung eigentlich nur das sehen, was auch der Ich-Erzähler sieht, der Protagonist selbst wäre für den Zuschauer immer nur als Stimme aus dem OFF zu hören.[75] Auch der junge Adso wäre damit in *Il nome della rosa* immer nur zu hören, aber nie zu sehen, was sicherlich zu einiger Verwirrung führen würde.

Vor allem aber beim Vergleich des Ich-Erzählers des Romans mit dem Ich-Erzähler des Films werden die Probleme deutlich. Der junge Adso im Roman beschreibt, was er sieht und wie er etwas wahrnimmt, der junge Adso im Film sieht etwas und nimmt etwas wahr, aber dadurch weiß der Zuschauer noch lange nicht, w i e Adso etwas sieht oder wahrnimmt und was er dabei empfindet. Diese Empfindungen müssen dann durch die Mimik des Schauspielers Christian Slater oder notfalls durch Dialoge deutlich gemacht werden. Hierzu ist wieder eine bestimmte Kameraeinstellung, nämlich die *Großaufnahme* des Gesichts oder die *Detailaufnahme* der Augen, als Spiegelbild der Seele und des Empfindens, notwendig. Bei *Il nome della rosa* wird diese Kameraeinstellung zum Beispiel in Szene 43 bei Guglielmo verwendet, als er erfährt, daß der Inquisitor

---

[73] Vgl. Kamp/Rüssel, *Umgang mit Film*, S. 100ff.
[74] Vgl. Kamp/Rüssel, *Umgang mit Film*, S. 102.
[75] Vgl. Monaco, S. 47.

Bernardo Gui, mit dem er in der Vergangenheit schon einmal Probleme hatte, auf dem Weg zur Abtei ist.

Auch die bereits angesprochene *Schuß-Gegenschußtechnik*, die häufig bei Gesprächssituationen, also auch bei *Il nome della rosa* verwendet wird, würde bei einer Ich-Erzählung wegfallen, da sich der Erzähler ja nicht selbst sehen kann. Das, was er sehen kann, sind seine Hände, Arme und Füße und mehr dürfte dann auch im Film für den Zuschauer nicht zu sehen sein. Dadurch entstünde dann aber eine sehr unnatürlich wirkende Situation.[76] Der Zuschauer kann sich nicht mit einer unsichtbaren Hauptfigur identifizieren und durch die optische Einschränkung auf deren subjektives Blickfeld würde dies im Film wie eine inhaltslose Leerstelle wirken.[77]

Kurze Sequenzen, die aus der Perspektive von nur einer Person gefilmt werden, sind allerdings ein wirkungsvolles Mittel, um einen gewissen Spannungseffekt zu erzielen. Auch hier ist wieder die Kameraeinstellung wichtig. Oft wird in solchen Situationen die sogenannte *Untersicht* bzw. eine *Aufsicht* gewählt, um eine Person mächtiger, bedrohlicher oder bescheidener erscheinen zu lassen. In *Il nome della rosa* kommt diese Einstellung zum Beispiel beim Verhör Salvatores durch Bernardo Gui in Szene 51 vor. Bernardo Gui, der in diesem Fall die Macht über Salvatore hat, blickt immer von oben auf den ängstlichen Salvatore herab, während dieser immer aus der Untersicht zu Bernardo Gui aufblickt. Auch das erste Gespräch zwischen Guglielmo und dem Abt in Szene 6, in dem zum ersten Mal die grausamen Verbrechen in der Abtei und eine mögliche übernatürliche Macht angesprochen werden, wird teilweise aus der Untersicht des verängstigten Adso gezeigt, teilweise dieser aus der Aufsicht.

Diese parallele Darstellung einer Handlungssequenz aus der auktorialen und aus der subjektiven Sicht bewirkt einen doppelt intensiven Effekt beim Zuschauer.[78]

2. 2. 3. Das Element der Bewegung

Eng mit der filmischen Zeitstruktur verbunden ist das Element der Bewegung, das stärker als jedes statische Bild auf das Bewußtsein des Zuschauers wirkt.[79]

---

[76] Vgl. Kamp/Rüssel, *Umgang mit Film*, S. 104.
[77] Vgl. Kamp/Rüssel, *Umgang mit Film*, S. 104.
[78] Vgl. Kamp/Rüssel, *Umgang mit Film*, S. 104.
[79] Vgl. Reif, S. 164ff.

Bewegung entsteht aus der Aufeinanderfolge der einzelnen Einstellungen und Szenen und daher nicht selten in der *Post-Produktion* des Filmes. Eine Szene, die aus vielen kurzen, schnell aufeinanderfolgenden Einstellungen besteht, erzeugt beim Zuschauer einen Eindruck von Bewegung und kurzer Dauer und wird häufig zum Zweck der Zeitraffung verwendet. Längere Einstellungen hingegen erzeugen Ruhe und ein subjektives Gefühl von einer langen Dauer der erzählten Zeit.

Betrachtet man die Einstellungsdauer von *Il nome della rosa*, so erkennt man, daß die ersten Szenen noch relativ lange Einstellungen haben, wodurch ein Gefühl der Ruhe – hier wohl die Ruhe vor dem Sturm – und der Eindruck entstehen, die Handlung laufe in Echtzeit ab. Je mehr sich die Handlung jedoch ihrem Spannungshöhepunkt nähert, desto kürzer wird die Einstellungsdauer und desto größer die Zahl der Einstellungen in einer Szene. Das heißt, die Handlung läuft subjektiv gesehen schneller ab und die Unruhe nimmt zu, bis zu ihrem absoluten Höchstmaß, dem Brand in der Abtei (Szene 63). Diese Zeitraffung wird zeitweilig unterstützt durch die Überlagerung einzelner Szenen, die somit für den Zuschauer zeitgleich ablaufen.

2. 2. 4. Zeitebene: Erzählzeit versus Erzählte Zeit

Die Erzählzeit des Romans *Il nome della rosa* sind 493 Seiten (italienischer Originalroman). Der Film benötigt dafür subjektiv gesehen deutlich weniger Zeit und setzt die Handlung in 124 Minuten (englische Originalfassung) um.

Wesentlich länger ist dagegen die erzählte Zeit. Der Roman wäre daher nur für eine Fernsehserie geeignet, um den gleichen Eindruck von Dauer zu vermitteln.[80]

Wie bereits dargelegt, ist es aber nicht die Aufgabe einer Adaption, ihre literarische Textvorlage eins zu eins als bebilderten Text wiederzugeben, sondern sie soll vielmehr ein eigenständiges, neues Werk entstehen lassen. Voraussetzung dafür ist aber eine bestimmte Anzahl an visualisierbaren Elementen in der Vorlage. So sind zum Beispiel eine Vorstellung oder ein Rückblick, wie in *Il nome della rosa* in Szene 43, in Form einer Erklärung oder einer Erinnerung filmisch leicht umsetzbar, indem sie sich zum Beispiel in der Farbe vom Rest des Films abheben. Eine beliebte Form der Kennzeichnung von Gedanken oder Rückblik-

---

[80] Vgl. Strautz, S. 9.

ken ist auch, sie in leicht verschwommener Form beginnen zu lassen und selbst der ungeübteste Zuschauer versteht, daß es dabei nicht um die gegenwärtige Handlung des Films geht. Bei *Il nome della rosa* ist der Rückblick leicht als solcher zu erkennen, da der Zuschauer weiß, daß die Morde schon passiert sind und er auf eine Erklärung ihres Ablaufes im Grunde gewartet hat. Wenn die Handlung aber in zu viele Nebenstränge geteilt ist, kann die Fülle von Bildern den Rezipienten sich leicht in der Unübersichtlichkeit verlieren lassen, da ein Zurückblättern und nochmaliges Nachlesen oder ein Innehalten im Film ja nicht möglich ist. Daher eignen sich literarische Texte mit einer geradlinigen Handlung und vielen kürzeren Dialogen auf jeden Fall besser für eine Adaption.[81]

Oder die Handlung wird, wie wir am Beispiel von *Il nome della rosa* sehen können, zu einer geradlinigen Handlung geformt. Die Filmhandlung von *Il nome della rosa* läuft nämlich auf einer linearen Zeitebene an in Ausschnitten dargestellten sieben Tagen ab. In diese sieben Tage fühlt sich der Zuschauer hineinversetzt, da er die Handlung visuell vor sich hat. Sie sind für ihn die Gegenwart der erzählten Zeit. Dadurch entsteht beim Zuschauer der Eindruck einer starken Authentizität, die den Anschein einer zeitdeckenden Erzählung erweckt.[82]

Der Roman *Il nome della rosa* ist hauptsächlich im epischen Präteritum geschrieben, das kombiniert mit Adverbien der Zeitdeixis, wie zum Beispiel „domani" oder „frapoco", die Gegenwärtigkeit der Erzählung verstärkt.[83] Die Film-Dialoge werden dagegen naturgemäß im Präsens geführt, bei den kurzen Erklärungen zu den Hintergründen der Handlung werden die Vergangenheitstempora und dabei oft das *passato prossimo* verwendet:

Szene 40 Besprechung der Franziskaner mit Guglielmo

[...]

Cuthbert da Wincester:

Non è stata la tua vanità, il tuo testardo orgoglio interlettuale che ti pose in contrasto con Bernardo un tempo?

[...]

(Szene 40)

---

[81] Vgl. Palmes, S. 18ff.
[82] Vgl. Thomas Eigen, „ `Der Prozess´ (O. Welles, 1962) – Eine Analyse zwischen Film und Literatur", in: *Systematische Filmanalyse in der Praxis*, herausgegeben von H. Korte (Braunschweig, 1986), S. 115–197.
[83] Vgl. Urban, S. 60.

Die chronologisch geradlinige Ebene der erzählten Zeit wird nur einmal in Szene 43 durch den Rückblick Guglielmos unterbrochen. Da dieser Rückblick aber durch die verbale Ebene, das heißt durch Erläuterungen Guglielmos gedeutet wird und zum Verständnis bisher ungeklärter Handlungsabschnitte dient, fällt es dem Zuschauer nicht schwer, diesen Rückblick chronologisch einzuordnen.

Guglielmo verwendet hierzu vorwiegend das pas*sato remoto*:

> **Guglielmo:.** *E quando il bel Adelmo espresse il desiderio di leggere uno di questi libri proibiti, Berengario riferì ad Adelmo dove si trovava il libro desiderato, [...] Adelmo acconsentì. E si sottopose alle conferme [...] Ma poi è sconvolto dalla vergogna e dal senso di colpa vagò disperato nel cimitero dove incontrò il traduttore greco.*

(Szene 43)

2. 3. Raumdarstellung

2. 3. 1. Innenraum versus Außenraum

In *Il nome della rosa* haben die zwei Arten des Raumes eine tragende Bedeutung.

Die Handlung von *Il nome della rosa* spielt sich hauptsächlich in geschlossenen Räumen ab, zum einen in eng begrenzten Räumen, wie den Zellen der Mönche, dem Refektorium, der Kirche oder dem Bibliotheksturm, den sogenannten Innenräumen, zum anderen auf dem Abteigelände, das zwar einen Außenraum darstellt, aber in sich geschlossen ist.

Im Gegensatz dazu steht die weite norditalienische Landschaft, in der geritten wird, das heißt, man bewegt sich fort. Die Landschaft ist eine weite, karge und schneebedeckte Gebirgslandschaft mit wenig Baumwuchs. Sie ist besonders im Film gekennzeichnet durch rauhe Felsen und viel Wind. Im Unterschied zu den eng begrenzten Räumen hat man hier einen großen und weiten, fast unendlich erscheinenden Raum zur Verfügung. In dieser Weite der Landschaft wirken Reiter und Abtei unwichtig und klein.

Die eigentliche Macht besitzen also nicht sie, die eigentliche Macht kommt von außen. Wenn Innenräume im Vergleich zu Außenräumen stehen, bedeuten sie meistens Schutz und Geborgenheit, während die Bedrohung aus den Außenräumen kommt. Wenn eine Person die Grenze von einem Raum in den anderen überwindet, stellt das ein Ereignis dar.

Diese Grenze sind in *Il nome della rosa* die Mauern der Abtei, die durch ein Tor zu durchschreiten sind. Das Schließen dieses Tores bedeutet die Unüberwindbarkeit der Grenze,[84] was bei Annaud sehr schön in Szene 65 zum Ausdruck kommt, als Adso Bernardo Guis Flucht verhindern will, das Tor jedoch genau vor Adso zugeht.

Auch die 2. Szene macht die Grenze zwischen Innen- und Außenraum im Film *Il nome della rosa* deutlich. Man sieht zu Beginn der Szene, wie sich das große Tor zur Abtei öffnet, damit Guglielmo und Adso eintreten können. Am Schluß der Szene folgt dann der Zuschauer, gelenkt von der Kamera, dem Blick Adsos, der mit leichtem Unbehagen zusieht, wie das Tor wieder geschlossen wird und sie nun im Innenraum, in dem die grausame Handlung passiert, „gefangen" sind. Die Abtei, als Innenraum, wird nun zum Mittelpunkt der Handlung.

Auch Inquisitor Bernardo Gui kommt „von außen" und Guglielmo stellt seine Ankunft in dem Augenblick fest, als er aus dem Labyrinth als Innenraum ins Freie hinaustritt und Guis Kutsche sieht.

Der Mord an Severino zum Beispiel geschieht genaugenommen wieder durch eine Bedrohung von außen, denn sein Mörder dringt sozusagen „von außen" in sein Reich ein. Diese Szene 55 belegt, warum die Grenze zwischen Innenraum als Schutz und Außenraum als Bedrohung auch oft als Grenze zwischen Leben und Tod bezeichnet wird.

Der Vorteil der Filmversion ist dabei, daß die Außenräume viel plastischer dargestellt werden können als im Roman. Durch kurze zwischenzeitliche Schnittbilder (z. B. die Außenansicht der Abtei als Standbild) oder Handlungssequenzen (z.B. die Ankunft der Franziskaner in Szene 35) werden sie immer wieder in Erinnerung gerufen und als Gegensätze zum Leben innerhalb der Abtei dargestellt. Dadurch spielt der Außenraum im Film auch eine intensivere Rolle als im Roman und ist viel präsenter für die Zuschauer.

---

[84] Vgl. Karl N. Renner, „Der Findling. Ein Film von George Moorse nach Heinrich von Kleist. Zum Vergleich von Text und Film", in: *Erzählstrukturen – Filmstrukturen. Erzählungen Heinrich von Kleists und ihre filmische Realisation*, herausgegeben von Klaus Kanzog (Berlin, 1981), S. 25–58.

2. 3. 2.   Das Problem der Grenzen eines Raumes

Mit dem Innenraum-Außenraum-Schema eng verbunden sind die Grenzen eines einzelnen Raumes. Eine Kamera, die sich im Raum hin- und herbewegt, hebt die räumlichen Grenzen auf. Der Zuschauer fühlt sich in den Raum hineinversetzt, da die Kamera den Raum so betrachtet, als würde der Zuschauer selbst durch den Raum gehen.[85] Bei der eigentlichen Handlung von *Il nome della rosa* überwiegen die Innenräume, die Bedrohung kommt dabei von außen, zum einen in Form der bereits beschriebenen Rahmenhandlung und zum anderen als angeblich „übernatürliche Macht", deren Präsenz die Mönche befürchten:

> *[...] e non potendo fornire una spiegazione naturale i vostri_monaci sospettano la presenza di una forza soprannaturale tra queste mura.*

(Szene 6)

Bei der Umsetzung von in Romanen beschriebenen Räumen zu ihrer Darstellung im Film gibt es vor allem Authentizitäts-Probleme. Im Falle von *Il nome della rosa* ist es die historische Authentizität des 14. Jahrhunderts. Gerade bei einer im Mittelalter angesiedelten Handlung ist es zwar leicht, aufgrund von Kenntnissen aus dieser Zeit, einen Raum im Roman zu beschreiben, ihn aber im Film naturgetreu nachkonstruieren zu wollen, verlangt sehr viel mehr. Der mittelalterliche Raum muß erst einmal hergestellt werden.

Und hier entstehen die meisten Umsetzungsprobleme, die oft zu einer Reduktion der verschiedenen Raumkonzeptionen sowie deren lokaler Anordung führen. Für die Verfilmung von *Il nome della rosa* wurden deshalb zahlreiche französische Historiker zu Rate gezogen.

Für Regisseur Jean-Jacques Annaud stand nämlich die naturgetreue Nachbildung des Mittelalters an allererster Stelle. Und so gelang es ihm, einen aus diesem Gesichtspunkt ausgesprochen originalgetreuen Film herzustellen.

2. 3. 3.   Umsetzungsprobleme bei der Darstellung der Abtei

Das größte Problem bei der Umsetzung und vor allem das wohl zeitaufwendigste war die Suche nach einem für *Il nome della rosa* geeigneten Kloster. In ganz Europa wurden mehr als 300 Klöster besichtigt, von denen aber keines wirklich

---

[85]   Vgl. Reif, S. 164ff.

in Frage kam. Sogar Umberto Eco selbst beteiligte sich an der Suche. Schließlich war es Bernd Eichinger, der das südhessische Kloster Eberbach entdeckte, das zumindest für die Innenaufnahmen in der Kirche geeignet war. Noch schwieriger war die Suche nach einem für die Außenaufnahmen geeigneten Kloster, denn schließlich ist Ecos Abtei so gebaut, daß die Abfallhalde und der Bibliotheksturm an einer steilen Felswand stehen. Das mittelalterliche Kloster mußte also neu gebaut werden.

Ecos Abtei ist reich und fast ein Kontrast zum Leben in Armut. Die Bibliothek befindet sich hier über der Küche, ein Zeichen dafür, daß Geistliches und Weltliches nicht mehr streng getrennt werden.[86] So ist zum Beispiel das Essen reichhaltig:

> *Mangiammo carni allo spiedo, dei maiali appena uccisi [...]. L'Abate ci*
> *fece gustare [...] quel pollo che avevo visto preparare in cucina,*
>
> (*Il nome della rosa*, S. 103)

– was auch im Film in Szene 10 (*Vesper-Im Refektorium*) sehr schön zu sehen ist. Jedoch ist im Film die Küche nicht unter der Bibliothek, sondern in einem anderen Gebäude. Der Film ist in dieser Beziehung also historisch glaubwürdiger als der Roman, was wohl nicht zuletzt durch Regisseur Annauds Anspruch an Authentizität entstanden ist, um den Film realistisch wirken zu lassen.

> *Die Authentizität ist mir sehr wichtig. Mein Film will das Mittelalter*
> *nicht irgendwie reproduzieren, sondern authentisch dokumentieren. Ich*
> *will keine Fantasy machen, ich will realistische Eindrücke vermitteln,*
> *aus denen man auch durchaus etwas lernen kann, wenn man will.*[87]

Architektonisch ähnlich unlogisch wie im Roman ist allerdings auch im Film der aus Totenschädeln bestehende Altar, der einen eingebauten Mechanismus hat, durch den sich der Zugang zu den kryptischen Gängen zur Bibliothek öffnet.[88]

2. 3. 4. Labyrinth und Bibliotheksturm

Ecos Bibliotheksturm, in dem sich das Labyrinth befindet, hat das Castel dal Monte in Apulien, das Friedrich II. 1240 erbauen ließ, zum Vorbild. Der Turm

---

[86] siehe Eco, *Rosa*, S. 488.

[87] Annaud, zitiert nach Baumann/Sahihi, S. 16.

[88] Vgl. Klaus Ickert und Ursula Schick, *Das Geheimnis der Rose entschlüsselt. Zu Umberto Ecos Weltbestseller >>Der Name der Rose<<* (München, Vierte Auflage 1986), S. 73f.

dieses architektonischen Denkmals hat einen achteckigen Grundriß, im Roman ist er nur quadratisch. Für die Filmversion hingegen wurde ein Oktogon genommen, wodurch die Umsetzung im Film eigentlich genauer ist als die Beschreibung im Roman.[89]

Das Turminnere mußte für die Filmversion allerdings komplett verändert werden, vom Mittelalter ist hier wenig wiederzufinden. Die vielen Treppen, auf denen sich Guglielmo und Adso verirren und verlieren, haben ihren Ursprung im 18. und im 20. Jahrhundert. Vorbilder hierzu waren die *Carceri-Visionen* des italienischen Grafikers Piranesi und die Treppenfluchten des Niederländers Escher. Diese Treppen sind frei zwischen die Mauern gespannt und waren in dieser Form im Mittelalter noch gar nicht vorhanden.

Auffällig ist auch die veränderte Dimension des Labyrinths. Während das Labyrinth im Roman flach und zweidimensional ist, sieht man im Film sofort deutlich den hohen Turm und der Zuschauer findet sich in einem dreidimensionalen Labyrinth wieder.

Regisseur Annaud erklärt dies damit, daß ein Labyrinth, das sich in einem Turm befindet, nicht flach sein kann. Dazu kommt aber natürlich vor allem der Aspekt, daß Filmen in einem flachen Raum mit sehr großen Problemen verbunden ist. Denn dadurch, daß alles sehr eng ist und sehr viele Wände vorhanden sind, hat man viel weniger Möglichkeiten an Kameraperspektiven, die, wie bereits erläutert, für die Erzählstruktur und den Handlungsverlauf eine wichtige Rolle spielen. Des weiteren empfindet der Zuschauer den Effekt des Turmes viel stärker, wenn dieser ganz aus einem Labyrinth besteht.[90] Denn für den Zuschauer ist der Eindruck des Labyrinths entscheidend. Wichtig ist hier vor allem, wie das Labyrinth auf den Zuschauer wirkt und ob es somit die Handlung unterstützt. Also, ob der Zuschauer nachvollziehen kann, warum Adso sich verirrt oder warum er Angst empfindet.

2. 3. 4. 1.   Die Zahlenkompositionen

Das Edificio wird im Roman als achteckiger Bau beschrieben, der aus der Ferne wie ein Viereck aussieht. Es hat etwas Erdhaftes und etwas Himmlisches zugleich, worauf auch im Roman gleich zu Beginn des öfteren hingewiesen wird:

---

[89]   Vgl. Baumann/Sahihi, S. 8.
[90]   Vgl. Baumann/Sahihi, S. 15.

[...] che avessero gran familarità e con la terra e col cielo. [...] ciò che era fisicamente quadrato sulla terra, era spiritualmente triangolare nel cielo.

(*Il nome della rosa*, S. 29)

Das Edificio wird gleichgesetzt mit der Stadt Gottes, dem himmlischen Jerusalem:

[...] figura perfettissima che esprime la saldezza e l'imprendibilità della Città di Dio [...].

(*Il nome della rosa*, S. 29)

An jeder der Ecken steht ein siebeneckiger Turm, von dem jeweils fünf Seiten nach außen zu sehen sind. Diese genaue Beschreibung hat den Hintergrund heiliger Zahlen und deren Zahlensymbolik, durch dessen Verwendung die profanen äußerlichen Gegebenheiten der Abtei erhöht werden, sowie von Zahlenkompositionen ohne religiösen Bezug. Adso weist darauf hin, als er die Abtei zum ersten Mal sieht:

E non è chi non veda l'ammirevole concordia di tanti numeri santi, ciascuno rivelante un sottilissimo senso spirituale. Otto il numero della perfezione d'ogni tetragono, quattro il numero dei vangeli, cinque il numero delle zone del mondo, sette il numero dei doni dello Spirito Santo.

(*Il nome della rosa*. S. 29f)

Diese Ausgewogenheit der Zahlenkompositionen spiegelt die Ordnung des Universums wider und stellt auch die Ordnung dar, die im Kloster herrscht. Diese Ordnung wird jedoch bald durch die grausamen Verbrechen durchbrochen. Alles gerät durcheinander, bis auf die Gebetsstunden, die noch regelmäßig abgehalten werden.

Auch im Film gerät die Ordnung aus den Fugen, bis auf die streng eingehaltenen Gebetsstunden. Für die Filmhandlung sind die Zahlenkompositionen jedoch nicht von vorrangiger Bedeutung. Adso spricht sie im Film auch nicht explizit an. Man kann sie zwar erkennen, wird aber nicht ausdrücklich darauf hingewiesen. Wichtig ist hier vor allem, daß die Abtei an einem steilen Abhang steht, deren Mauern die direkte Verlängerung des Felsens zu bilden scheinen. Im Roman wird dadurch Uneinnehmbarkeit und Unzugänglichkeit konnotiert, im Film soll dadurch dem Zuschauer die unmittelbare Bedrohung der Abtei klar werden.

2. 3. 4. 2.　Labyrinthmetaphern

2. 3. 4. 2. 1.　Das Bibliothekslabyrinth Jorges und das Zentrum der Bibliothek, *Finis Africae*

Das Labyrinth hat hier eine doppelte Funktion. Einerseits soll es die Bücher vor den Mönchen schützen, andererseits die Mönche vor den Büchern, die ihnen schaden könnten („i libri della menzogna"; *Il nome della rosa*, S. 317), und hier auch vor dem vergifteten Buch des Aristoteles.[91] Das Bibliothekslabyrinth kann man als Metapher für Jorges Weltanschauung sehen, die statisch und in sich geschlossen ist. [92]

Das geltende Wissen müsse man nach Jorges Meinung verwalten, dürfe es aber nicht weiter erforschen oder gar anzweifeln[93], denn in der Wissenschaft gebe es keinen Fortschritt, nur eine ständige Wiederholung:

> ...del nostro lavoro, del lavoro del nostro ordine, e in particolare del lavoro di questo monastero fa parte – anzi è sostanza – lo studio, e la custodia del sapere. La custodia, dico, non la ricerca, [...]. Non vi è progresso, non vi è rivoluzione di evi, nella vicenda del sapere, ma al massimo continua e sublime ricapitolazione.

> (*Il nome della rosa* S. 401f)

Roman und Film weichen bei der Darstellung von Jorge und seiner Weltauffassung kaum voneinander ab. Mit ähnlichem Wortlaut versucht Jorge auch im Film das Wissen zu bewahren und vor weiterer Erforschung zu schützen:

> [...] Ritorniamo a ciò che era e sempre dovrebbe essere la missione di questa abbazia: la preservazione del sapere. Preservazione ho detto, non ricerca del sapere! Perché non c'è progresso nella storia della conoscenza, ma una vera, costante e sublime ricapitolazione.[...]

> (Szene 62)

Im Roman leugnet Jorge außerdem die Existenz eines Buches, des Zweiten Buches der Poetik des Aristoteles, damit es nicht in falsche Hände gerät.

> [...] il secondo libro della poetica di Aristotele, quello che tutti ritenevano perduto o mai scritto, [...].

> (*Il nome della rosa*, S. 470)

---

[91]　Vgl. Gabriella Borter-Sciuchetti, *Annäherungen an das Namenlose. Eine Interpretation von Umberto Eco <<Il nome della rosa>> Boris Vian <<Lécume de jours>>* (Zürich, 1987), S. 47.

[92]　Vgl. Borter-Sciuchetti, S. 49.

[93]　Vgl. Urban, S. 74f.

Und genauso wie die Existenz dieses Buches, wird auch die Existenz eines Raumes in der Bibliothek verleugnet, die des Finis Africae. Es gibt keinen erkennbaren Eingang in diesen Raum. Das Unordentliche, also auch das Buch des Aristoteles, wird darin eingeschlossen. Somit stellt das Finis Africae auch einen Bruch in der bestehenden Ordnung des Klosters dar.[94]

Ähnliches spielt sich in der Filmversion in Szene 24 (*Im Scriptorium-Ermittlungen*) ab. Auch hier versucht Jorge die Menschheit vor dem moralischen Verfall zu schützen, indem er behauptet, das Buch mit der Poetik des Aristoteles habe nie existiert:

Guglielmo:	*Tuttavvia, Aristotele dedicò il secondo libro della sua poetica alla commedia come strumento di verità.*
Jorge:	*Avete letto quell' opera?*
Guglielmo:	*No, naturalmente. Sono secoli che è andata perduta.*
Jorge:	No, non è perduta. Non fu mai scritta. Poicché la provvidenza non vuole che la futilità venga glorificata.

(Szene 24)

2. 3. 4. 2. 2. Das Labyrinth Guglielmos

Für Guglielmo hingegen dient das Labyrinth dazu, neue bisher unbekannte Welten zu entdecken, da er, um das Rätsel des Labyrinths zu lösen, immer wieder die verschiedensten Bücher durchblättert.[95] Guglielmo steht für das rhyzomatische Labyrinth, was auch Umberto Eco in seinem Nachwort zu *Il nome della rosa* erklärt:

> [...] il modo in cui Guglielmo si accorge di vivere è già strutturato a rizoma. [...].[96]

Es gibt hier keine bestimmte Ordnung, keine richtigen und keine falschen Wege, denn jeder Weg führt zu Lösungen. So auch für Guglielmo, der zwar die Verbrechen aufklärt, aber erkennen muß, daß er durch falsche Schlüsse ans Ziel gelangt ist, durch das Voraussetzen einer nicht vorhandenen Ordnung:[97]

---

[94]   Vgl. Vgl. Borter-Sciuchetti, S. 50.
[95]   Vgl. Borter-Sciuchetti, S. 50.
[96]   Eco, *Postille*, S. 525.
[97]   Vgl. Borter-Sciuchetti, S. 53.

Dove sta tutta la mia saggezza? Mi sono comportato da ostinato,
inseguendo una parvenza di ordine, quando dovevo sapere bene che non
vi è un ordine...

(*Il nome della rosa*, S. 495)

Auch im Film agiert Guglielmo auf diese Weise, er lernt neue Zusammenhänge und Möglichkeiten zur Lösung des Labyrinths kennen, indem er die verschiedensten Bücher durchsieht. In Szene 47 (*Guglielmo und Adso im Labyrinth*) kommt dies besonders zum Ausdruck:

Adso:	*Come troveremo il libro che stiamo cercando?*
Guglielmo:	*Con calma. Oh! [...] Oh questo è la lezione con le note di Umberto da Bologna! Ohi guarda quanti altri libri. Mio Dio quanti sono i libri!*

(Szene 47)

Auch hier gibt es für Guglielmo keinen einzig richtigen und keinen falschen Weg, hinter das Rätsel der Verbrechen zu kommen: „No.[...] Ma non hai tolto. Teniamo conto di ogni possibilità." (Szene23)

2. 3. 4. 2. 3.   Das Labyrinth Adsos

Adsos Labyrinth ist auch vergleichbar mit dem Romanaufbau von *Il nome della rosa*. Es geht hier nicht nur um ein räumliches Labyrinth, sondern um eine Geschichte von Labyrinthen.[98] Dies läßt sich mit dem sogenannten barockmanieristischen Labyrinth, in dem man nur durch Versuch und Irrtum den richtigen Weg finden kann, vergleichen. So wie Adso, der mit seiner Intuition und oft naiven Herangehensweise an die Dinge, dann weiterkommt, wenn die Logik Guglielmos aussetzt.[99] Für dieses manieristische Labyrinth benötigt man den Faden der Ariadne, um wieder hinauszufinden.

Poi c'è il labirinto manieristico: se lo svolgi ti ritrovi tra le mani una
specie di albero, una struttura a radici con molti vicoli ciechi. L'uscita è
una sola ma puoi sbagliare. Hai bisogno di un filo d'Arianna per non
perderti. Questo labirinto è un modello di trial-and-error process.[100]

---

[98]   Vgl. Umberto Eco, *Nachschrift zum >Namen der Rose<*, deutsch von Burkhart Kroeber (München, 2. Aufl. 1986), S. 66.

[99]   Vgl. Urban, S. 77f.

[100]   Vgl. Eco, *Postille*, S. 524f.

Diese Beschreibung Ecos erkennt man besonders deutlich im Film. Es gibt nur einen Ausgang aus dem Labyrinth und Adso findet sich vor unzähligen Irrwegen wieder.

Um zurückzufinden, legt er sich schließlich einen Faden, der ihm dann hilft, den Weg wiederzufinden. (Szene 47, *Guglielmo und Adso im Labyrinth*) Auch im Film wird deutlich, daß Adso die Dinge eher intuitiv angeht, während Guglielmo versucht, sie mit seinem Verstand zu lösen. Als Beispiel dient auch hier Szene 47, in der Guglielmo ohne Erfolg überlegt, wie sie aus dem Labyrinth finden können und Adso ihm schließlich weiterhilft.

Auch anhand von Szene 58 kann man die unterschiedliche Vorgehensweise von Adso und Guglielmo erkennen:

Guglielmo: (sitzt am Tisch und denkt nach) *La mano sopra libero primo e settimo di quarta. Hmm. [...]. – Ti prego, figliolo! Sto cercando di pensare.*

Adso: (geht im Raum auf und ab) *Io pure, Maestro, io pure!*

Guglielmo: *Tenta di usare la tua testa, anziché il cuore! E forse faremo qualche progresso.*

(Szene 58)

Zusätzlich zu den bisher beschriebenen Labyrinth-Typen gibt es noch das klassisch-griechische Labyrinth, in dem die größte Schwierigkeit in der Überwindung des Minotaurus im Zentrum besteht, wobei das Problem, den Ausgang zu finden, wesentlich geringer ist, als das Problem, lebendig wieder hinauszukommen.[101]

Auch von diesem Labyrinth fließt etwas in *Il nome della rosa* ein, wenn man Jorge und das Finis Africae mit dem Minotaurus gleichsetzt. Auch Guglielmo und Adso hätten das Feuer in der Bibliothek, das Jorge entfacht hat, beinahe nicht überlebt. Hier erkennt man deutliche Parallelen von Roman und Film.

Diese drei verschiedenen Labyrinth-Arten entsprechen also den drei Protagonisten-Typen Adso, Guglielmo und Jorge, die nun im folgenden behandelt werden.

---

[101] Vgl. Borter-Sciuchetti, S. 51.

2. 4. Protagonisten

Befragt man den Rezipienten einer Literaturverfilmung nach seinem Eindruck, so wird am häufigsten das Element der Wahrnehmung im Vergleich zur Vorstellung genannt. Der Rezipient eines Buches ist gezwungen, sich aufgrund der Beschreibung im Text, selbst den Ort der Handlung und vor allem die Protagonisten vorzustellen, was für viele auch den Reiz des Lesens ausmacht. Sieht er dann im Film eine meist vollkommen andere Person oder einen ganz anders konzipierten Ort, so ist er erst einmal enttäuscht und er sträubt sich, wenn zunächst auch nur im Unterbewußtsein, gegen diese Art der Darstellung. Auf dieser ungünstigen Ausgangsbasis müssen die meisten Literaturverfilmungen aufbauen, was sich häufig als überaus schwierig erweist, da andere Aspekte des Films dadurch zunächst einmal in den Hintergrund rücken.

2. 4. 1. Protagonisteneinführung

Protagonisten können sowohl im Roman als auch im Film auf zwei verschiedene Weisen in die Handlung eingeführt werden. Entweder sie treten direkt in Erscheinung und nehmen *aktiv* am Geschehen teil, oder eine bzw. mehrere Personen berichten *passiv* über sie, indem sie zum Beispiel ein Gespräch über die betreffende Person führen. Guglielmo zum Beispiel wird im Roman *passiv*, nämlich von Adso eingeführt, im Film dagegen *aktiv*.

Bei *Il nome della rosa* wurden fast alle Personen des Romans auch im Film berücksichtigt. Nur einige, wie zum Beispiel Marsilius, die für den Verlauf der Filmhandlung keine tragende Rolle spielen, sind im Film nicht wiederzufinden. Im Roman bezieht sich Guglielmos Rede vor der Päpstlichen Delegation und den Franziskanern, auf Marsilius´ Staatstheorie. Doch diese Rede, die im Roman sieben Seiten dauert, wäre für den Film viel zu lang.[102] Im Roman hat Marsilius Adso an Guglielmo empfohlen, was für den Film aber unwichtig ist.

Die jeweilige Darstellung der wichtigsten Personen wird im folgenden verglichen, wobei eine bewußt kurz gehaltene Biographie der Filmschauspieler nicht fehlen darf. Die meisten Zuschauer haben nämlich bereits vor dem Besuch eines Kinofilms bestimmte Erwartungen an diesen. Sie kennen den Hauptdarsteller aus anderen Filmen und gehen davon aus, daß er in diesem Film einen ähnlichen Charakter darstellt, wie im vorherigen. Die Wahl der Darsteller entscheidet da-

---

[102] Vgl. Baumann/Sahihi, S. 76.

her für viele Zuschauer auch über den Besuch des Films überhaupt, sei es, daß man die Art des Films schon zu wissen glaubt oder einfach aufgrund von Anti- oder Sympathie zu einem bestimmten Schauspieler entscheidet, einen Film zu sehen oder nicht zu sehen.

Der Darsteller des Adso, Christian Slater, war zum Zeitpunkt des Erscheinens von *Il nome della rosa* in dieser Hinsicht noch relativ wenig vorbelastet, der Darsteller des Guglielmo, Sean Connery, als James Bond aber fast jedem Kino- fan ein Begriff.

2. 4. 2. Die Darstellung des Guglielmo da Baskerville in Roman und Film

Wie wird nun der rauhe und coole Agent James Bond zu Guglielmo da Basker- ville?

Als erstes fällt auf, daß die sehr genaue Beschreibung Guglielmos aus dem Ro- man nicht direkt in den Film übertragen wurde. Denn hier reicht es für den Zu- schauer vollkommen aus, die Person zu sehen, um zu wissen, wie sie aussieht. Auch Guglielmos Charakter und seine etwas überhebliche Art wird im Laufe der Handlung von selbst deutlich, allerdings unterstützt von einigen Aussagen seiner Mitmenschen:

Besprechung der Franziskaner und Guglielmo

[...]

Cuthbert da Wincester:

> *Ora devi mettere da parte queste indagini decisamente futili!*

[...]

Guglielmo: *È la verita. Io sono nel giusto!*

Michele da Cesena:

> *Guglielmo è nel giusto. Giulielmo è sempre nel giusto!*

Ubertino: *Qualsiasi possano essere le consequenze per lui stesso o per altri, Fratello Guglielmo da Baskerville deve sempre dimostrare che ha ragione.*

(Szene 45)

Im Roman wird Guglielmo bereits im Prolog eingeführt durch die Überlegungen Adsos, der erklärt, daß er an die Seite des Franziskanermönches gestellt wurde, der am Beginn einer Mission steht:

> [...] di pormi accanto a un dotto francescano, frate Guglielmo da Baskerville, il quale stava per iniziare una missione che lo avrebbe portato a toccare città famose e abbazie antichissime.
>
> (*Il nome della rosa*, S. 22f)

Weiter beschreibt Adso, ebenfalls bereits im Prolog, Guglielmos Aussehen, das ihn zu einer imposanten Erscheinung, ähnlich der von Sherlock Holmes, macht:

> Era dunque l'apparenza fisica di frate Guglielmo tale da attirare l'attenzione dell'osservatore più distratto. La sua statura superava quella di un uomo normale ed era tanto magro che sembrava più alto. Aveva gli occhi acuti e penetranti; il naso affilato e un po' adunco conferiva al suo volto l'espressione di uno che vigili, [...].
>
> (*Il nome della rosa*, S. 23)

Somit erfährt der Leser früher als der Zuschauer etwas über Guglielmos Aussehen, denn im Film-Prolog werden derartige Informationen ausgespart und da der Prolog in einer Schwarzblende erfolgt, kann der Zuschauer sich auch noch nicht selbst ein Bild über Guglielmo machen, es sei denn, er kennt den Darsteller Connery oder, was den großen Unterschied zwischen Roman und Film ausmacht, er hat eine Vorschau des Films gesehen.

Vergleicht man die Beschreibung Guglielmos im Roman mit der Filmfigur, so fällt auf, daß es sicher nicht leicht war, einen der Beschreibung entsprechenden Darsteller zu finden. Doch auch Sean Connery ist eine imposante Erscheinung, wenn auch nicht allzu groß und schlank, wie im Roman beschrieben. Die wachen, scharfsinnigen Augen Connerys entsprechen allerdings der Beschreibung, die Adso im Roman von Guglielmo gibt.

Im Roman wird Guglielmo als Mann um die 50 Jahre beschrieben („Poteva egli avere cinquanta primavere...“, *Il nome della rosa*, S. 23f), was sich ungefähr mit der Figur im Film deckt, dort aber nicht explizit genannt wird.

Adso erkennt im ersten Kapitel des Romans Guglielmos Eitelkeit, vor allem, wenn es darum geht, seinen Scharfsinn zu beweisen:

Infatti io avevo avuto modo di accorgermi che il mio maestro, in tutto e per tutto uomo di altissima virtù, indulgeva al vizio della vanità quando sottrattava di dar prova del suo acume [...].

(*Il nome della rosa*, S. 31)

Auch dem Film-Guglielmo fehlt es nicht an Arroganz und herablassender Ironie, wenn er dem jüngeren Adso Belehrungen erteilt oder seine Meinung durchsetzen will:

Guglielmo und Adso in der Küche

(Adso hat nach seinem nächtlichen Abenteuer das Herz eines Ochsen gefunden und glaubt an einen weiteren Mord.)

Adso: *Maestro! Entrate, presto! Ne ho trovato un altro!*

Guglielmo: *Dove è la tua intelligenza. Hai mai conosciuto qualcuno con un torace tanto grande da contenere un cuore in queste dimensioni?*

(Szene 33)

Ein weiteres Beispiel für Guglielmos rechthaberische Überheblichkeit ist auch Szene 59 (*Verhör der Gefangenen*), in der Guglielmo unter die Aufsicht eines Soldaten gestellt wird:

Gui: *[...] avendo tentato di nuovo di proteggere un eretico dalla giusta punizione della Inquisizione. Egli mi accompagnerà ad Avignone da Sua Santità Papa Giovanni per la conferma della mia sentenza.*

Guglielmo: (zu Franziskanern) *Io ho ragione!*

(Szene 59)

Sean Connery selbst sieht in Guglielmo einen „intellektuellen Snob", der „weiß, daß er mehr weiß als die anderen, die um ihn herum sind", der allerdings auch „seine intellektuelle Haltung zur Seite legen kann". [103] Connery hat deswegen bei seiner Darstellung des Guglielmo versucht „auch die menschlicheren Seiten des Guglielmo zu zeigen."[104]

Guglielmo ist sowohl im Roman als auch im Film der einzige, der im Besitz einer Brille ist. Das bedeutet, daß nur er den genauen Durchblick hat und die Dinge, die um ihn herum geschehen, begreifen kann. Im Roman wird deutlich, daß

---

[103]   Baumann/Sahihi, S. 22.
[104]   Baumann/Sahihi, S. 22.

Guglielmo ohne seine Brille nicht mehr imstande ist, die notwendigen Schriften zu entziffern und er sich deswegen eine neue Brille anfertigen läßt. Im Film wird dieser Teil der Handlung aus Zeitgründen zwar weggelassen, dennoch wird Guglielmos Brille in Großaufnahme gezeigt, ebenso wie aus seiner subjektiven Sicht der Inhalt des Buches, den er gerade betrachtet. Damit wird dem Zuschauer die Einzigartigkeit und die Notwendigkeit von Guglielmos Brille klar.

Guglielmo ist im Roman nicht ohne Vergangenheit und auch im Film erkennt der Zuschauer das relativ bald. Wie diese Vergangenheit aussieht, wird dem Zuschauer allerdings zunächst vorenthalten. Guglielmo da Baskerville hat den Ruf eines intelligenten Mannes:

> [...]Disse che non si sarebbe atteso di meno da un uomo che era stato preceduto da una fame di grande sagacia.[...] (Il nome della rosa, S. 37),

meint der Abt bereits im ersten Gespräch mit Guglielmo auf einer der ersten Seiten im Roman. Auch im Film eilt Guglielmo dieser Ruf voraus:

> [...] È, come mi sono detto un uomo che conoscenza sia di spirito umano sia delle astuzie del maligno. [...]

(Szene 6)

Der Leser des Romans erfährt durch das Gespräch zwischen Guglielmo und dem Abt auch gleich von Guglielmos Vergangenheit als Inquisitor:

> [...] ma anche gli diceva che il mio maestro era stato inquisitore in alcuni processi[...]

(Il nome della rosa, S. 37)

Der Zuschauer des Films hingegen bekommt dies erst viel später in Szene 50 am vorletzten Tag durch ein Gespräch zwischen Guglielmo und Adso mit:

Adso: *Non volete dirmi niente? Come un amico.*

Guglielmo: *Ma, non c'è molto da dire. Anche io sono stato un inquisitore, ma molto tempo fa.[...]*

(Szene 50)

Der Zuschauer erfährt aber in Szene 9 von Guglielmos Vorliebe für das Griechische, was dem Leser zunächst vorenthalten bleibt:

Alter Adso (aus OFF):

> *Il mio maestro confidava nei filosofi greci, in aristotele e*
> *nella sottigliezza della sua logica.*

(Szene 9)

Die Tatsache, daß ein Mönch im 14. Jahrhundert als Detektiv à la Sherlock Holmes eine Mordserie aufklärt, wirkt im Roman nicht unbedingt glaubhaft. Guglielmo ist für seine Zeit viel zu modern. Für den Film *Il nome della rosa* allerdings ist das weniger von Belang. Hier geht es vielmehr darum, daß die Handlung, das heißt die Aufklärung der Mordserie, in sich stimmig ist.

Der letzte Unterschied zwischen Roman- und Filmversion ist in Guglielmos Ende zu finden. Im Roman erzählt der inzwischen gealterte Adso, daß er von Guglielmos Tod erfahren habe:

> *Non lo vidi più. Seppi molto più tardi che era morto durante la grande*
> *pestilenza che inferì per l'Europa verso la metà di questo secolo. Prego*
> *sempre che Dio abbia colto la sua anima e gli abbia perdonato i molti*
> *atti d'orgoglio che la sua fierezza intellettuale gli aveva fatto*
> *commettere.*

(Il nome della rosa, S. 501)

Im Film hingegen wird frei nach dem Motto „Und wenn sie nicht gestorben sind..." das filmtypische Happy End bewahrt, indem der Satz über Guglielmos Tod in Adsos Text, der weitgehend wörtlich übernommen wurde, im Film einfach ersetzt wird:

> *Non lo vidi più ne so che cosa sia accaduta di lui. Ma prego sempre che*
> *Dio abbia colto l'anima sua e gli abbia perdonato i molti atti d'orgoglio*
> *che la sua fierezza intellettuale gli aveva fatto commettere.*

(Szene 70)

2. 4. 2. 1.   Die Suche Guglielmos nach der Wahrheit

Der Roman *Il nome della rosa* erscheint vielen Lesern sicher als Kriminalroman und doch ist es keiner, zumindest nicht ausschließlich. Denn es wird fast gar nichts aufgeklärt, womit die Aufgabe des Detektivs, des Helden, mißlingt.[105] Ecos Hauptgeschichte mit der Frage nach dem Mörder teilt sich bald in viele Nebenstränge auf, die von einem Kriminalroman abweichen. Diskussionen über

---

[105]   Vgl. Baumann/Sahihi, S. 92.

60

Theologie und Zeitgeschichte nehmen ihren Platz ein. Der Film hingegen kreist von der ersten bis zur letzten Szene um die Frage nach dem Schuldigen und greift die Nebenstränge auch als solche auf: als *Neben*stränge, die *neben* der eigentlichen Geschichte in verkürzter Form angeschnitten werden. Guglielmos Suche nach der Wahrheit gestaltet sich im Film demnach viel geradliniger als im Roman. Denn er will nicht wie Ecos Guglielmo jede Sache in ihrer Einzigartigkeit erfassen,[106] da für ihn alles ein immer wieder neu zu interpretierendes Zeichen ist

> *Potrebbe averlo ucciso, [...], per lasciare un segno, per significare qualcosa d'altro* (*Il nome della rosa*, S. 114),

sondern er sucht nach der Lösung in ihrer Gesamtheit. Nach Zeichen, die auf diese eine Lösung hinweisen.

Werden im Roman die Morde schon zu Beginn des zweiten Tages vor dem Hintergrund einer religiösen Weltanschauung gesehen[107] („Sarebbe atroce, disse Guglielmo, uccidere un uomo anche per dire *Credo in unum Deum...* ", *Il nome della rosa*, S. 115), so wird das dem Film-Zuschauer zunächst vorenthalten und erst nach dem Tod von Venanzio klar, als durch Ubertino zum ersten Mal die Apocalypse ins Spiel gebracht wird:

> *Alla fine del uragano con la seconda tromba, il mare si trasforma in sangue! E anche qui tutto è un mare di sangue. [...]*

(Szene19)

Ecos Guglielmo legt sich nicht vorschnell auf eine Meinung fest, sondern stellt immer wieder Hypothesen auf, die er aber nicht sofort als letztgültig ansieht: „Non so, faccio delle ipotesi." (*Il nome della rosa*, S. 114)

Annauds Film-Guglielmo hingegen ist, wohl auch aufgrund der Zeiteinschränkung, die durch die Adaption entsteht, schneller von seiner Meinung und dem Finden der Lösung überzeugt: „Devo solo parlare con uno dei fratelli, e tutta questa storia sarà risolta". (Szene 40)

Wenn Ecos Guglielmo keine Antwort weiß, kommen für ihn zunächst alle in ihrer Vielzahl möglichen Antworten in Frage:

---

106 Vgl. Borter-Sciuchetti, S. 28.
107 Vgl. Borter-Sciuchetti, S. 29.

`Cosa intendete dire?' `Non lo so esattamente. Ma come ti ho detto, bisogna immaginare tutti gli ordini possibili, e tutti i disordini.'

(*Il nome della rosa*, S. 420)

Doch Guglielmo spricht viele seiner Hypothesen nicht aus, wodurch die Möglichkeit aller Lösungen offen bleibt.[108]

Jedoch entsteht in bezug auf Guglielmos Gedankenarbeit ein Umsetzungsproblem zwischen den beiden Medien. Guglielmos Gedanken, die im Roman jeweils auf mehreren Seiten beschrieben werden können, müssen im Film durch Dialoge oder Mimik ausgedrückt werden, was aber nicht in der gleichen Dauer geschehen kann, wie bei der Beschreibung im Roman. Denn einem Film-Zuschauer kann man nicht zumuten, zehn Minuten lang nur das nachdenkliche Gesicht eines Guglielmo da Baskerville zu sehen.

Daher spielen Guglielmos Gedanken im Film eine wesentlich geringere Rolle[109], sie werden entweder in kurze Dialoge gefaßt oder ganz verschwiegen. Dadurch und durch Guglielmos zeitweilige Unkenntnis wird versucht, Spannung aufzubauen, indem auf etwas hingewiesen wird, das jedoch noch nicht explizit genannt werden kann:

Adso: *[...] Sapete dove sono i libri?*

Guglielmo*:*   *No. Però sono più di convinto che quella torre contiene qualcos'altro oltre l'aria.*

(Szene 24)

Im Roman versucht Guglielmo, sich nicht zu früh auf eine Lösung festzulegen, was er auch Adso vermitteln möchte:

Dobbiamo stare attenti a non restringere il campo dei sospetti solo perché le rivelazioni di Bencio ci hanno orientato in una sola direzione.

(*Il nome della rosa*, S. 172)

Auch im Film werden die Morde erst relativ spät, in Szene 43, visuell dargestellt und somit als gültige Lösung präsentiert. Die Aufklärung, der Grund für die Morde und wer für sie verantwortlich ist, wird auch im Film bis zum Schluß nicht gezeigt, um die Spannung zu erhalten. Weder der Held noch der Zuschauer

---

[108]   Vgl. Borter-Sciuchetti, S. 32.
[109]   Vgl. Baumann/Sahihi, S. 41.

kennen die eigentliche Lösung, was typisch für Kriminalfilme ist. Niemand weiß, was noch alles kommt.

Man nennt eine solche Stelle im Film *Plot-Point*, das heißt eine Stelle, an der die Handlung zu einem Höhepunkt gelangt, der aber noch nicht die endgültige Auflösung bringt.

Durch seine oft absurden Thesen erscheint Guglielmo im Roman oft als unsicher, was zum Beispiel Adso zum Ausdruck bringt, wenn er sagt:[110]

> [...] *che gli uomini della sua terra definiscono spesso le cose in modi in cui pare che la forza illuminante della ragione abbia pochissimo ufficio.*
>
> (*Il nome della rosa*, S. 25)

Annauds Guglielmo hingegen wirkt durch seine Gestalt und seine teilweise Überheblichkeit sicherer, jedoch wird auch seine scheinbare Unfehlbarkeit bald untergraben, als der Abt bereits in Szene 7 an Guglielmos inquisitorischem Können zweifelt:

> *Se non avessi frettolosamente accettato la vostra spiegazione, questa seconda tragedia sarebbe stata evitata.*
>
> (Szene 19)

Oder wenn Guglielmo selbst Adso gegenüber behauptet, nicht immer eine Antwort auf jede Frage zu wissen: „Se io avessi sempre la risposta a tutto insegnerei teologia a parigi." (Szene 47)

Einer der größten Unterschiede von Roman und Film zeigt sich am Ende von Guglielmos Suche nach der Wahrheit. Während im Film der Schlüssel zu allem das zweite Buch des Aristoteles ist und bleibt, das von Jorge in Gift getränkt wurde, damit niemand es ungestraft lesen kann,

> [...]*e la chiave di tutto questo mistero resta ancora il furto e il possesso di un libro scritto in greco e nascoto da qualche parte nella biblioteca!*
>
> (Szene 59),

entspricht die Anordnung der Morde im Roman zunächst der Apokalypse des Johannes, die die jeweiligen Todesursachen beschreibt.[111] Erst am Schluß erkennt Guglielmo, daß alles ganz anders ist und er aus Versehen ein Vergehen

---

[110] Vgl. Borter-Sciuchetti, S. 30ff.
[111] Vgl. Baumann/Sahihi, S. 55.

aufgedeckt hat, das in dieser Form gar nicht existierte: „Non v´era una trama,...e io l´ho scoperta per sbaglio." (*Il nome della rosa*, S. 494)

Guglielmo hat die vorhandenen Zeichen falsch interpretiert und ist trotzdem zu dem richtigen Schluß gekommen:

> *Non ho mai dubitato della verità dei segni, [...]. Ciò che io non ho capito è stata la relazione tra i segni. Sono arrivato a Jorge attraverso uno schema apocalittico che sembrava reggere tutti i delitti, eppure era casuale. [...]*

(*Il nome della rosa*, S. 495)

Im Film hingegen weiß Guglielmo, daß die Apokalypse nicht zur Aufklärung der Verbrechen beitragen wird, was in Szene 38 deutlich wird:

Adso: *Forse gli è successo qualche cosa, Maestro. Forse lo troveremo nell´acqua.*

Guglielmo: *Cosa?*

Adso: *La terza tromba, come ha detto Ubertino, ricordate? Il libro dell´Apocalisse.*

Guglielmo: *Non è quello il libro che cerchiamo.*

(Szene 38)

Guglielmos Suche verläuft im Film also geradliniger als im Roman, der Zuschauer wird allerdings trotzdem zum Teil irregeführt, wenn sich zum Beispiel Malachia in Szene 56 kurz nach dem Mord an Severino verstohlen Blut vom Schuh wischt.

Guglielmo, mit all seinen inquisitorischen Fähigkeiten, der für seine Zeit mit Astrolabium und Brille bestens ausgestattet ist, scheitert dennoch am Ende seiner Suche, wenn er feststellt, daß Zeichen zwar nicht lügen, aber dennoch in die Irre führen können, und er fragt sich „Dove sta tutta la mia saggezza?" (*Il nome della rosa*, S. 495) Auch im Film, als Guglielmo verzweifelt versucht, die Bücher vor den Flammen zu retten, siegt schließlich zum ersten Mal die Resignation. „O Dio!", ist das einzige, was Guglielmo noch hervorbringt, bevor er verzweifelt den Kopf auf seine Hände sinken läßt. (Szene 63)

2. 4. 2. 2. Die Beziehung zwischen Guglielmo und Adso

Guglielmo wirkt Adso gegenüber im Film belehrender als im Roman. Mit der ihm eigenen herablassenden Ironie macht er den jungen Adso immer wieder auf dessen Wissensdefizit aufmerksam. Diese Tatsache wird sicherlich durch den Schauspieler Connery und dessen Persönlichkeit verstärkt:

Guglielmo: *Sei un testone, Adso. Tu scatti la possibilità che l'uomo caminasse all'indietro trascinando il corpo.*

(Szene 23)

Im Roman sagt Guglielmo an dieser Stelle nur:

Caro Adso, non occorre moltiplicare le spiegazioni e le cause senza che se ne abbia una stretta necessità.

(*Il nome della rosa*, S. 99)

Sowohl im Roman als auch im Film wird Guglielmos Ironie nicht verstanden. Ubertino sagt im Roman zum Beispiel: „Non capisco mai quando voi inglesi parlate seriamente". (*Il nome della rosa*, S. 69), während Guglielmo im Film nur einen verständnislosen Blick Severinos, der nicht weiß, wie er Guglielmo verstehen soll, erntet, als sie in Szene 42 Tintenreste an der Zunge des toten Berengario finden und Guglielmo das mit „con la lingua non scriveva, suppongo" (Szene 42) kommentiert. Adso hingegen ist auch in solchen Situationen stolz auf seinen „Maestro". Jedoch versteht er nicht, warum Guglielmo die Bücher wichtiger sind als die Menschen. Gerade im Film wird dies explizit gesagt, wenn Adso Guglielmo in Szene 58 danach fragt:

Adso: *I libri sono più importanti delle persone per voi?*

Guglielmo: *Ho detto questo per te?*

Adso: *Sembra che non Vi importi mai nulla di nessuno! Non potreste mostrare un po' di pietà?*

(Szene 58)

Aber auch schon vorher, als Guglielmo im Labyrinth in eine Falle stürzt, wird die unterschiedliche Motivation der beiden Protagonisten deutlich:

Adso: *Maestro!*

Guglielmo: *I libri! Figliolo! Salva i libri!*

Adso: *Io cerco di salvare voi!*

(Szene 47)

Ansonsten verbindet Guglielmo und Adso in Roman und Film eher ein Vater-Sohn-Verhältnis, das Adso im Roman bereits im Prolog anspricht:

[...] ed è proprio die giovani legarsi a un uomo più anziano e piú saggio
[...] come accade per la figura di un padre, di cui si studiano i gesti, e
icorrucci, e se ne spia il sorriso [...].

(*Il nome della rosa*, S. 23)

Guglielmo, als der Weise und Unerschrockene, will dem jungen, unerfahrenen
und oft ängstlichen Adso als gutes Beispiel vorangehen, was besonders im Film
herausgestellt wird:

Adso: *Questo luogo non mi piace!*

Guglielmo: *Davvero? Me lo trovo molto stimolante. Vieni qua. Mio*
caro Adso, non dobbiamo affarci con gestionari dalle
falleticanti vociferazioni sul anticristo. Cerchiamo invece
di [...] risolvere questo affascinante enigma.

(Szene 9)

Das väterlich-beschützende Verhältnis zwischen Guglielmo und Adso im Film
wird zum Beispiel in Szene 15 verdeutlicht, in der Guglielmo Adsos Schlaf be-
wacht und versucht, ihn zu beruhigen.

Auch im Labyrinth klammert sich Adso zum Teil ängstlich an Guglielmo, der
ihm den Weg weisen und ihn beschützen soll. Und am Schluß des Films nimmt
Guglielmo Adso in die Arme, glücklich, ihn wiederzusehen. Die vorher für ihn
so wichtigen Bücher fallen zu Boden, denn das Menschliche siegt schließlich.

2. 4. 2. 3.   Intertextualität und Realitätsbezug der Figur
Guglielmo da Baskerville

Hier gibt es die größten Unterschiede zwischen Roman und Film bei der Darstellung des Guglielmo da Baskerville. Was sowohl einem Leser als auch einem
Zuschauer auffallen kann, sind die Anspielungen auf Arthur Conan Doyles
Sherlock Holmes, der wie Guglielmo versucht, schreckliche Verbrechen aufzu-
decken. Guglielmo stammt wie Sherlock Holmes aus England. Diese Anspielung wird aber auch durch die Wahl von Guglielmos Nachnamen deutlich, der
von Conan Doyles 1902 geschriebenem Kriminalroman „The Hound of Baskervilles" übernommen wurde.[112] Im Gegensatz zu Sherlock Holmes scheitert
Guglielmo aber, wie bereits erwähnt, an den Spuren und Zeichen seiner Welt.

---

[112] Jürgen Miethke, „Der Philosoph als Detektiv. William von Baskerville, Zeichendeuter
und Spurensucher, und sein `alter Freund´ Wilhelm von Ockham in Umberto Ecos Roman
>Der Name der Rose<, in: `...eine finstere und fast unglaubliche Geschichte´? Mediävi-
stische Notizen zu Umberto Ecos Mönchsroman >Der Name der Rose<, herausgegeben
von Max Kerner (Darmstadt, 1987), S. 115–127.

Was dem Film-Zuschauer ebenfalls nicht klar gemacht wird, ist der Bezug Guglielmos zu dem realen Guglielmo di Occam, der Ecos Guglielmo seinen Vornamen gegeben hat. Auch Guglielmo di Occam war Engländer und wirklicher Franziskanermönch im 14. Jahrhundert. Allerdings ist Ecos Guglielmo etwas älter als Occam, der ca. 1285 geboren wurde, zur Zeit der Handlung von *Il nome della rosa* (1327) also gute 40 Jahre alt gewesen sein müßte, während Guglielmo da Baskerville von Adso ja auf um die 50 geschätzt wurde. Außerdem erwähnt Guglielmo Occam als einen Freund, der derzeit in Avignon sei, wodurch Eco eine komplette Gleichsetzung ausschließen wollte, was aber gleichzeitig auch die Beziehung der beiden verdeutlicht: [113]

> *Ho avuto tante discussioni a Oxford col mio amico Guglielmo di Occam, che ora è ad Avignone.*
>
> (*Il nome della rosa*, S. 209)

Dieser Hintergrund ist für die Film-Handlung allerdings irrelevant und kaum ein Zuschauer würde sich deshalb dafür interessieren, zumal Guglielmo di Occam im Film überhaupt nicht erwähnt wird. Für die Film-Zuschauer ist Guglielmo da Baskerville „nur" ein Franziskanermönch mit detektivischem Spürsinn, der dafür zuständig ist, die Morde aufzuklären. Woher sein Name oder seine Abstammung kommen, ist dafür schließlich nicht von Belang. Somit ist die im Roman eher nur verdeckte Anspielung auf Sherlock Holmes im Film leichter zu erkennen, da auch Guglielmos Scheitern bei der Suche nach der Wahrheit im Film nicht so deutlich wie im Roman zum Ausdruck kommt. Außerdem wissen die meisten Kinobesucher unserer Zeit zwar, wer Sherlock Holmes war, mit dem Namen Guglielmo di Occam kann der größte Teil aber nichts anfangen.

2. 4. 3. Die Charakterisierung des jungen Adso in Roman und Film

Die Darstellung des jungen Adso im Roman und seine Umsetzung im Film beinhaltet einen der auffälligsten Unterschiede bei der Protagonistendarstellung zwischen den beiden Medien. Ecos Adso ist ein Benediktinernovize „[...] quando io – già novizio benedettino nel monastero di Melk [...]" (*Il nome della rosa*, S. 21), Annauds Adso hingegen ein Franziskaner. Hier werden die Umsetzungsprobleme bei Literaturverfilmungen wieder deutlich. Wäre Annauds Adso auch ein Benediktiner, würde er in der Menge der anderen Benediktinermönche

---

[113] Vgl. Miethke, S. 116.

untergehen. Daher wurde Adso im Film kurzerhand zum Franziskaner, der die gleiche braune Mönchskutte trägt wie Guglielmo da Baskerville. Ecos Adso ist Benediktiner, da Eco ihn im Stil der Benediktiner erzählen läßt. Im Film aber liegt der Schwerpunkt nicht auf Adsos Aussagen, sondern auf seiner Handlung. Daher sieht Umberto Eco selbst diesen Unterschied nicht als wesentlich an, sondern nur als einen „Zwang der Gattung". [114]

Ansonsten stimmt die Darstellung des Film-Adso ziemlich genau mit der Beschreibung von Ecos Adso überein. Christian Slater wirkt vielleicht ein bißchen jünger als Ecos Adso, der ungefähr 18 Jahre alt ist, aber auch er bezeichnet sich bereits im Prolog als „testimone trasparente" und als

> *il cronista fedele di quanto allora avvenne in un luogo remoto al nord della penisula italiana, in una abbazia di cui è pietoso e saggio tacere anche il nome.*

(Prolog)

Adso ist ein etwas schüchterner Schüler Guglielmos, was er selbst im Roman gleich im Prolog anspricht. Er entwickelt sich allerdings im Laufe der Handlung weiter:

> *[...] i miei genitori [...] decisero di pormi accanto a [...] frate Guglielmo da Bakerville, [...]*

> (*Il nome della rosa*, S. 21f)

Im Film wird es in Szene 6 während des Gesprächs zwischen Guglielmo und dem Abt erklärt: „Ah, questi è Adso, il mio novizo, figlio minore del Barone di Melk." (Szene 6).

2. 4. 3. 1.   Die Entwicklung des Protagonisten Adso da Melk

Der Film-Adso macht eine stärkere Entwicklung durch als Ecos Adso. Der Film-Adso ist nämlich zunächst ängstlicher, denn er traut sich nicht wie im Roman alleine in die Bibliothek. [115] Auch als er in Szene 28 Berengario alleine verfolgen soll, sieht man deutlich seine Angst. Als Adso das erste Mal auf sich alleine gestellt ist, verirrt er sich auch prompt im Labyrinth.

---

[114]   Umberto Eco, „Erste und letzte Erklärung", in: *Almanach zur italienischen Literatur der Gegenwart*, herausgegeben von Viktoria von Schirach (München, 1988), S. 25–27.

[115]   Siehe Eco, *Rosa*, Terzo Giorno/Dopo Compieta, S. 224-253.

Ähnlich ergeht es jedoch Ecos Adso, der ohnmächtig wird, als er beweisen will, nicht ängstlich zu sein und seinem Maestro voran gehen will:

> *Ancora vergognoso per la povera figura fatta avanti allo specchio, volli redimermi agli occhi di Guglielmo: „No, vado io,“ dissi, „voi restate qui.[...] poi sprofondai in un buio infinito, che sembrava si aprisse sempre di più sotto di me e non seppi più nulla.*

(*Il nome della rosa*, S. 178)

Sowohl im Roman als auch im Film ist es Guglielmo, der Adso schließlich wieder weiterhilft.

Ecos Adso zweifelt bereits am zweiten Tag daran, ob es richtig war, von seinem Vater in die Welt geschickt worden zu sein:

> *Mentre mi coricavo conclusi che mio padre non avrebbe dovuto mandarmi per il mondo, che era più complicato di quanto pensassi.*

(*Il nome della rosa*, S. 160)

Ähnliche Zweifel tauchen im Film bereits in Szene 9 auf, in welcher der alte Adso rückblickend erkennt, daß seine Ängste berechtigt waren:

> **Alter Adso:** *[...] Ma ... i miei timori non erano ... le vaghe fantasie d'un immagine infantile egitato.*

(Szene 9)

Der Film-Adso jedoch muß am Ende all seine Ängste und Zweifel überwinden und selbständig entscheiden, ob er bei dem Mädchen bleibt oder das Leben als Mönch vorzieht.

Guglielmo überläßt Adso hierbei ganz alleine die Entscheidung, denn er reitet weiter ohne sich noch einmal umzudrehen. Daß es Adso schwerfällt, selbständig eine Entscheidung zu treffen, wird dadurch deutlich, daß er sich mehrere Male umdreht und sich seiner Sache nicht ganz sicher ist. Daß er es letztlich doch schafft, läßt die Entwicklung des Film-Adso stärker erscheinen als die des Adso im Roman.

2. 4. 3. 2.   Die Funktion des Adso in Roman und Film und seine intertextuellen Bezüge

Was die Funktion des jungen Adso anbelangt, gibt es zwischen Roman und Film relativ wenig Unterschiede. Vergleicht man Guglielmo da Baskerville mit Sherlock Holmes, so ist selbstverständlich klar, daß Adso mit Doyles Dr. Watson in Verbindung gebracht werden muß. Nicht nur die Ähnlichkeit der Namen `Watson´ und `Adso´, sondern vor allem Adsos Aufgabe der Wissensvermittlung deutet darauf hin. Der Leser des Romans und vor allem der Zuschauer des Films ist ungefähr auf dem gleichen Wissensstand wie der junge Adso. Adso stellt Guglielmo immer wieder Fragen zur Handlung, die sich auch der Leser, der die Hintergründe der Handlung begreifen möchte, oder der Zuschauer bei der Lösung der Mordfälle stellt, und beseitigt dadurch immer wieder Unklarheiten. Diese Aufgabe kommt auch im Film in verstärkter Form zum Einsatz. Als gutes Beispiel kann hierfür die Szene 23, nach der ersten Begegnung mit dem Ketzer Salvatore, herangezogen werden. Zunächst fragt Adso nach dem, was wohl auch der Zuschauer nicht verstanden hat, läßt es sich von Guglielmo erklären und stellt dann Vermutungen an, die sich vielleicht der Zuschauer auch in diesem Moment überlegt:

Adso: *Che linguaggio usava quel uomo?*

Guglielmo: *Tutti i linguaggi – e nessuno.*

Adso: *E quale era la parola che pronunciavate?*

Guglielmo: *Penitenziagite*

Adso: *Che cosa significa?*

Guglielmo: *Significa che è senza dubbio che il gobbo in un tempo è stato un eretico.Penitenziagite era il motto dei frati dolciniani.*

Adso: *I dolciniani. E chi erano, Maestro?*

Guglielmo: *Erano quelli che tendevano nella povertà di Cristo.*

Adso: *Come noi francescani?*

Guglielmo: *Si, ma loro sostenevano che tutti dovevano essere poveri e massacravanogli. Hm, vedi caro Adso. [...].*

Adso: *Ma allora, non può aver ucciso lui il traduttore?*

Guglielmo: *No. No ai dolciniani piacevano i vescovi grassi e i preti ricchi. Non certo uno studioso di Aristotele.[...]*

(Szene 23)

Adso hilft aber auch durch seine Intuition weiter, wo der Verstand aussetzt. Auch diese Kombination von Guglielmos Verstand und Adsos Intuition wurde, wenn auch an anderer Stelle, in den Film übernommen und zeigt sich zum Beispiel in Szene 47, als sich Guglielmo und Adso im Labyrinth verirrt haben und

Guglielmo auch durch angestrengtes Nachdenken und logische Überlegungen keinen Ausweg findet:

Guglielmo: *[...] Devo ammettere che sono stremato per il momento. Allora, vediamo. Per trovare l'uscita da un labirinto eh, eh, se arrivi a una biforcazione segnarla con una freccia, no,no,no,no,no. Se,no,se...,se...*

Adso: *Maestro!*

Guglielmo: *Vediamo...,per favore, figliolo. Sto pensando! Se [...] una biforcazione, prendila...*

Adso: *Maestro!* (zeigt ihm Faden, den er gelegt hat)

Guglielmo: *Bravo, ragazzo mio. La tua educazione classica ci ha fatto conto.*

(Szene 47)

Zusätzlich zu der oben erwähnten Verbindung von Adso und Sherlock Holmes´ Partner Dr. Watson, sieht der blinde Greis Jorge von Burgos in Adso aufgrund seines Namens eine Verbindung zu Adso von Montier-en-Der, dem Autor eines Buches über die Endzeit, was allerdings, genau wie die Beziehung von Guglielmo zu Guglielmo di Occam, im Film nicht erwähnt wird:[116]

`Porti un nome grande e bellissimo,´ disse. `Sai chi fu Adso da Montier-en-Der?´ domandò.[...] Così Jorge aggiunse: `Fu l'autore di un libro grande e tremendo, il Libellus de Antichristo [...].´

(*Il nome della rosa*, S. 91)

Der alte Adso ist der Chronist, der rückblickend über die Ereignisse in der Benediktinerabtei berichtet und sie kommentiert. Hier erkennt man zwischen Roman und Film fast keine Unterschiede. Der Ablauf der Filmhandlung wird neunmal durch die Stimme des alten Adso aus dem OFF ergänzt, jedoch nicht unterbrochen. Im Gegensatz zum Roman sieht der Zuschauer also die Handlung des Jahres 1327 kontinuierlich weiterlaufen und hat manchmal auch den Eindruck, daß die Stimme aus dem *OFF* die Gedanken des jungen Adso wiedergibt. Warum Adso die Ereignisse jener Zeit aufschreibt, hat im Roman mehrere Gründe. Zum einen ist es eine Aufforderung Guglielmos: „In ogni caso scrivi Adso, ché almeno rimanga traccia di quanto sta oggi accadendo." (*Il nome della*

---

[116]   Vgl. Borter-Sciuchetti, S. 41.

rosa, S. 350), zum anderen hört Adso, als er am Tag ihrer Ankunft in der Abtei das Kirchenportal betrachtet, eine Stimme:

> *[...] udii una voce potente come di tromba che diceva „quello che vedi scrivilo in un libro "*
>
> (*Il nome della rosa*, S. 52)

Hier bezieht sich Umberto Eco auf eine gleichlautende Stelle aus der Offenbarung des Johannes:

> *[...] und hörte hinter mir eine starke Stimme wie von einer Posaune, die sprach: Was du siehst, schreibe in ein Buch.*[117]

Im Film hingegen wird nicht gesagt, warum Adso die Geschichte niederschreibt, da sich die Handlung hauptsächlich auf die Geschichte des jungen Adso bezieht und filmspezifisch mehr im „Hier und Jetzt" stattfindet, als im Rückblick. Guglielmo gibt Adso nicht den Auftrag, etwas schriftlich festzuhalten und Adso betrachtet im Film das Kirchenportal erst am zweiten Tag nach ihrer Ankunft in Szene 22 und wird dabei von Salvatore überrascht, hat aber nicht die Vision, eine Stimme zu hören. Hier wurde dieser religiöse Aspekt also außer acht gelassen und eher versucht, dem Zuschauer einen möglichen Verantwortlichen für die Geschehnisse in der Abtei zu präsentieren. Anstelle dessen dient die Szene aber dazu, den Dolcinianer-Orden, der im Roman eine größere Rolle spielt, zumindest anzusprechen.

2. 4. 4. Die Charakterisierung Jorges in Roman und Film

Jorge von Burgos ist ein blinder Greis von über 80 Jahren. Seinen Namen hat er von dem Kriminalautor Jorge Luis Borges, der bezeichnenderweise Direktor der argentinischen Nationalbibliothek und ebenfalls blind war.[118] Adso beschreibt ihn im Roman als „curvo per il peso degli anni" und „bianco come la neve" (*Il nome della rosa*, S. 86), was auch durch den Schauspieler Feodor Chaliapin Jr. im Film vermittelt wird. Im Roman wird Jorge am Nachmittag des ersten Tages eingeführt, als er schreiend in das Scriptorium kommt und dort gleich seine Abneigung gegen das Lachen, das nicht mit der Wahrheit vereint werden kann, kundtut: „verba vana aut risui apta non loqui" (*Il nome della rosa*, S. 86). Diese

---

[117] Vgl. Borter-Sciuchetti, S. 40.
[118] Vgl. Baumann/Sahihi, S. 49.

Stelle wurde mit gleichem Wortlaut in den Film übernommen, auch hier entfacht eine Diskussion zwischen Jorge und Guglielmo, mit einem ähnlichen Wortlaut wie im Roman, wenn auch in verkürzter Form. Jorge wird hier von Malachia vorgestellt und zwar als „uomo venerando d´età e sapienza", der „più vecchio di chiunque viva nel monastero, salve Alinardo da Grottaferra" ist, (*Il nome della rosa*, S. 87) und bei dem viele Mönche aus dem Kloster die Beichte ablegen:

> ...*a cui moltissimo tra i monaci affidono il carico dei loro peccati nel segreto della confessione. (Il nome della rosa*, S. 87)

Als im Laufe der Handlung immer deutlicher wird, daß die Bibliothek bei der Aufklärung der Morde eine wichtige Rolle spielt, fällt der Verdacht auf Jorge. Der Leser erfährt, daß es eigentlich Jorge ist, der die Bibliothek unter Kontrolle hat:[119]

> [...] *se qualcuno voleva una indicazione su un libro antico e dimenticato, non lo chiedeva a Malachia, ma a Jorge. Malachia custodiva il catalogo e saliva in biblioteca, ma Jorge sapeva cosa significasse ciascun titolo... .*
>
> (*Il nome della rosa*, S. 423)

Im Film dagegen wird diese Möglichkeit wesentlich länger verdeckt gehalten. Man sieht hier zwar einige Male Jorge kurz vorher zusammen mit dem jeweils nächsten Opfer, was jedoch nicht in dem Maße auffällt, daß der Zuschauer dadurch einen Zusammenhang konstruieren könnte.

Im Film wird Jorge bereits in einer der Anfangsszenen, also früher als im Roman eingeführt. Somit wird von Anfang an klar, daß er eine wichtige Rolle spielt. Auch hier lernt der Zuschauer Jorge zunächst als weisen und von den Mönchen geschätzten Mann kennen, da ihn sogar der Abt um Rat fragt: „Quale è la tua opinione, venerabile Jorge?" (Szene 4)

Hierbei ist wichtig, nichts von der Spannung wegzunehmen und daher kommt es dem Film auch zugute, daß Jorge erkennbar ein blinder Greis ist, dem man die grausamen Verbrechen nicht zutrauen würde. Zudem gibt sich Jorge betont desinteressiert am Geschehen in der Abtei: „Cari Fratelli! Io lascio tali cose mondane a uomini più vigorosi." (Szene 4)

---

[119] Vgl. Urban, S. 30.

2. 4. 4. 1.   Jorge und die Poetik des Aristoteles in Roman und Film

Jorge glaubt, die Menschheit mit ihrer Schwäche, dem Lachen, vor dem moralischen Verfall retten zu müssen. Dieser Verfall wird für ihn in der Poetik des
Aristoteles ausgedrückt.[120]

Im Film wird dies besonders hervorgehoben durch das bereits erwähnte Gespräch zwischen Jorge und Guglielmo in Szene 24, durch das Jorge das Be-
kanntwerden der Poetik des Aristoteles zu verhindern sucht.

Für einen Film ist es immer von Vorteil, wenn die Handlung linear verläuft und
ihre Auflösung am Schluß findet. Daher läuft der Film stärker als der Roman auf
den Handlungshöhepunkt, den Brand in der Bibliothek, zu. Vieles deutet bereits
vorher darauf hin, daß die Poetik des Aristoteles der Schlüssel zu allem ist.
Guglielmo ist nicht so sehr an den Voraussagungen der Apokalypse interessiert,
durch die er im Roman „zufällig" auf Jorge als Drahtzieher der Verbrechen
stößt:

Adso: *La terza tromba, come ha detto Ubertino, ricordate? Il*
          libro dell'Apocalisse.

Guglielmo: *Non è quello il libro che cerchiamo.*

(Szene 38)

Auch beim ersten Toten Venanzio wird dessen Bezug zu Aristoteles deutlich:

Guglielmo: *Che faceva Venanzio da voi?*

Severino: *Era il nostro migliore traduttore dal greco. Credo che*
          conoscesse quasi tutto l'Aristotele a memoria.

(Szene 20)

Jorges Wahn und seine Abneigung gegen das Lachen und die Poetik des Aristoteles gipfeln sowohl im Roman als auch im Film darin, daß Jorge sich selbst
tötet, als er das Buch des Aristoteles, das er selbst vergiftet hat, um dessen
Verbreitung zu verhindern, aufißt. Und so wie es in der Apokalypse des Johannes geschrieben steht, wird er daran zugrunde gehen, jedoch triumphierend.[121]

---

[120]   Vgl. Urban, S. 31.
[121]   Vgl. Baumann/Sahihi, S. 51.

2. 4. 4. 2.　Jorge und sein Bezug zu Thomas von Aquin

Aufgrund des Bezugs zur Poetik des Aristoteles von *Il nome della rosa* bleibt auch die Verbindung zu Thomas von Aquin nicht aus. Es geht dabei vor allem um dessen Einstellung zum Lachen, das er als einen Glücksfall für die Menschheit ansieht und damit für erstrebenswert hält. Die Philosophie Thomas von Aquins wurde im Mittelalter von vielen Klerikern jedoch genauso abgelehnt wie die Poetik des Aristoteles, über den er zahlreiche Abhandlungen geschrieben hat.[122] Die überspitzte Charakteristik des Jorge in *Il nome della rosa* soll aber vor allem die Haltung Kleriker des Hochmittelalters gegen aktuelle Neuerungen zum Ausdruck bringen.[123]

Jorge ist gegen das Lachen, das für ihn eine Eigenschaft des Antichristen ist, und er glaubt, ihm Einhalt gebieten zu können, indem er die Verbreitung der Poetik des Aristoteles verhindert.[124] Für Guglielmo hingegen verkörpert gerade Jorge den Antichristen:

> *Ora...l'Anticristo è veramente vicino perchè nessuna sapienza gli farà più barriera. D'altra parte ne abbiamo visto il volto questa notte.[...] Jorge dico. In quel viso devastato dall'odio per la filosofia, ho visto per la prima volta il ritratto dell'Anticristo.*

(*Il nome della rosa*, S. 494)

Diese Thematik wird in beiden Medien deutlich. Jorge wird sowohl im Roman als auch im Film als verbohrt und konservativ dargestellt, während Guglielmo als Befürworter der Poetik des Aristoteles den Gegensatz zu ihm verkörpert, was zum Beispiel Adso im Film feststellt: „Il mio maestro confidava nei filosofi greci, in Aristotele [...].“ (Szene 9) Somit tritt Jorge jeweils als „Gegenspieler“ Guglielmos auf. Für die Filmhandlung ist dies die typische Rolle des Antihelden, der den Helden bedroht und an der Aufklärung der Verbrechen hindert.

---

[122]　Vgl. Urban, S. 74.
[123]　Vgl. Urban, S. 32.
[124]　Vgl. Urban, S. 75.

2. 5. Die Nebendarsteller und ihr Kontext

2. 5. 1. Die Abwertung des realen Bernardo Gui durch Roman und Film: Intertextualität und Realitätsbezug des Inquisitors

Die Figur Bernardo Gui hat es wirklich gegeben. Gui war Dominikaner und Anfang des 14. Jahrhunderts Inquisitor von Toulouse.[125] Er sollte sogar zum Heiligen ernannt werden, was aber nur beim Vorhaben blieb, hatte dafür aber einen großen Anteil an der Heiligsprechung Thomas von Aquins. Guis Tätigkeit als Inquisitor wurde in seiner Handschrift „Liber sententiarium" festgehalten und daher weiß man heute hauptsächlich über diese Funktion Bescheid.[126] Bernardo Gui war aber auch päpstlicher Diplomat und Handschriftenleser. Als Romanfigur Ecos jedoch ist er ausschließlich Inquisitor.[127] Er ist vor allem darauf aus, selbst gut dazustehen, indem er die Mordfälle in der Abtei schnellstmöglich aufklärt, wobei ihn die Wahrheit wenig interessiert. So gelingt es ihm auch, Remigio zu einem falschen Geständnis zu bringen.[128] In Annauds Film wurde diese Reduzierung der realen Figur Guis aufgenommen und verstärkt. Bernardo Gui soll einerseits das Böse bekämpfen, verkörpert aber andererseits selber das Böse.[129]

Er wird als Gegenspieler von Guglielmo dargestellt und von Adso verachtet, da er Unschuldige bestraft. Die Darstellung des Bernardo Gui gipfelt der Handlung entsprechend in seiner Ermordung durch das aufgebrachte Volk, vier Jahre vor seinem realen Tod.[130] Gui-Darsteller F. Murray Abraham präsentiert die Person des Inquisitors,

als einen Menschen ohne Wärme..., als jemanden, der nicht die Silhouette einer Seele hat. [...] eine Person..., die schlichtweg hassenswert ist.[131]

---

[125] Vgl. Urban, S, 47.

[126] Vgl. Bernhard Schimmelpfennig „ Intoleranz und Repression. Die Inquisition, Bernard Gui und William von Baskerville.", in: `...eine finstere und fast unglaubliche Geschichte´ Mediävistische Notizen zu Umberto Ecos Mönchsroman >Der Name der Rose<, herausgegeben von Max Kerner (Darmstadt, 1987), S. 191–213.

[127] Vgl. Schimmelpfennig, S. 206.

[128] Vgl. Urban, S. 49.

[129] Vgl. Baumann/Sahihi, S. 27.

[130] Vgl. Schimmelpfennig, S. 191.

[131] Baumann/Sahihi, S. 30.

Bei der Interpretation der realen Figur des Bernardo Gui unterscheiden sich Roman und Film also nicht wesentlich. Beide heben nur eine Seite der Person hervor. Daß dies im Film verstärkt geschieht, ist verständlich, da eine Film-Handlung meistens auf eine Lösung oder auf ein Happy-End zugeht. Somit ist der Film-Zuschauer am Ende erleichtert, daß Gui stirbt, die Ordnung ist für ihn zumindest in diesem Punkt wieder hergestellt, der „Film-Held" Guglielmo hat überlebt und der Zuschauer kann mit diesem Wissen zufrieden nach Hause gehen.

Von Bernardo Gui hauptsächlich bekämpft werden alle, die die Kirche untergraben könnten. Damit erhält in *Il nome della rosa* die Verfolgung der Ketzer eine tragende Rolle. Hier steht die Figur des Salvatore stellvertretend für die Ketzerei.

2. 5. 2. Salvatore

2. 5. 2. 1. Der Ketzer Salvatore im Roman

Salvatore wird als Anhänger der Apostoliker-Sekte des Ketzerführers Fra Dolcino typisiert. Dadurch fließt die Verfolgung der Ketzer im Mittelalter in die Erzählung von *Il nome della rosa* ein. Auch der Häretiker Fra Dolcino ist nach einer realen Person entstanden, die Ende des 13. Jahrhunderts gelebt hatte. Fra Dolcino war uneheliches Kind eines Priesters und predigte, der einzig wahre Apostel Gottes zu sein:[132]

> *E lì riprese la predicazione ... in modo più ereticale, asserendo di essere l'unico vero apostolo di Dio [...].*
>
> (*Il nome della rosa*, S.228)

Der Leser des Romans erfährt die Hintergrundgeschichte um Fra Dolcino und Salvatores Vergangenheit durch ein Gespräch zwischen Ubertino und Adso am dritten Tag im Kapitel *Dopo Compieta*.[133] Fra Dolcino hatte mit seinen Predigten viele Menschen auf seine Seite gezogen „[...]Dolcino aveva raccolto più di mille seguaci[...].", (*Il nome della rosa*, S. 228) und war deshalb eine Gefahr für die Kirche, deren Diener er vernichten wollte.[134] Im Mittelalter wurde jede reli-

---

[132] Vgl. Urban, S. 50f.
[133] Vgl. Eco, *Il nome della rosa*, S.224ff.
[134] Vgl. Urban, S. 51.

giöse Minderheit als Bedrohung gesehen und bekämpft. Guglielmo macht darauf bereits am zweiten Tag im Kapitel *Nona* aufmerksam:

> `Degli pseudo apostoli,` ammise volentieri Guglielmo. `Ma essi non avevano nulla a che vedere coi minoriti...`
>
> (*Il nome della rosa*, S. 154)

Salvatore hatte man auch vorgeworfen, Mitglied in einer Sekte Ubertinos zu sein, der nach seinem Austritt aus dem Franziskanerorden in ein Kloster gegangen war. Salvatore konnte jedoch Zuflucht in der Benediktiner-Abtei finden. Er wirkt äußerlich ungepflegt und wie ein Scheusal, hat aber einen gutmütigen Charakter. So beschreibt ihn auch Ubertino: „Salvatore... Davvero, pare una bestia. Ma è servizievole." (*Il nome della rosa*, S. 72) Salvatore hat zur Aufgabe, die Klostergüter zu verwalten, seine Stellung ist niedrig und seine Sprache macht ihn zum unerwünschten Außenseiter. [135] Seine Funktion ist aber auch, den Mönchen heimlich junge Mädchen zuzuführen, indem er die Türen zur Außenwelt öffnet. Damit durchbricht er die religiöse Ordnung in der Abtei und wird von der Inquisition verurteilt. [136]

2. 5. 2. 2. Der Ketzer Salvatore im Film

Der Ketzer-Aspekt um Salvatore wurde vom Roman in ähnlicher Weise in den Film übernommen. Salvatores Aufgabe, den jungen Mädchen Eintritt in die Abtei zu gewähren, wird bereits in Szene 16 gezeigt. Wirklich eingeführt wird er allerdings erst in Szene 22, als Adso vor ihm erschrickt. Hier wird gleich der Hintergrund um die Dolcinianersekte mit eingebracht. Denn Salvatore wirkt auch im Film durch sein äußeres Erscheinungsbild und durch seine wirre unverständliche Sprache Angst einflößend. Dies kommt wiederum der Filmhandlung zugute, da es den Zuschauer für kurze Zeit auf eine falsche Fährte lockt und die Möglichkeit eröffnet, Salvatore als Urheber der Verbrechen zu sehen. Daher wird Salvatore auch erst nach dem ersten Mord und nicht wie im Roman bereits zuvor in die Handlung eingeführt. An dieser Stelle werden auch im Film die Hintergründe um Fra Dolcino erläutert.

---

[135] Vgl.Urban, S. 52f.
[136] Vgl. Ickert/Schick, S. 62.

2. 5. 2. 3. Die Sprache Salvatores in Roman und Film

Das Erläutern der Hintergründe um Fra Dolcino im Film wurde möglich und zugleich notwendig, da die Sprachmischung, die sich Salvatore im Laufe seines Lebens angeeignet hat, weitgehend im Film wiederzufinden ist. Salvatore, der jeweils einzelne Sprachfetzen an den verschiedenen Stationen seines Lebens erlernt und diese zu seiner eigenen Sprache zusammengesetzt hat, verwendet auch das Wort „Penitenziagite", womit er das Losungswort der Dolcinianer „Poenitentiam agite" meint, und damit als Anhänger Fra Dolcinos entlarvt wird:

> *Penitenziagite! Vide quando drago venturus est a rodegarla l'anima tua! La mortz est super nos! [...] Ah ah, [...] Cave el diabolo! [...] Ma Salvatore non est insipiens! [...]*
>
> (*Il nome della rosa*, S. 54)

Ähnlich hört sich Salvatores Kauderwelsch im Film an:

> *Penitenziagite...Watch out for the dark coming in futuro to non your anima. La morte è supre noi.* – lacht gestört – *[...] Habli cum Salvatore, ah my little brother, Penitenziagite!*
>
> (Szene 22)

Salvatores Wortschatz besteht aus Bruchstücken verschiedener Sprachen, was sich wie ein unverständliches Durcheinander anhört. Dennoch zeigt es, daß Salvatore im Grunde nicht so dumm ist, wie sein äußerliches Erscheinungsbild zunächst vermuten läßt. Die Ursache für Salvatores Kauderwelsch ist, daß er in vielen verschiedenen Ländern gelebt hat, aber nirgendwo seßhaft geworden ist.[137] Damit steht Salvatore auch für das Chaos im Kloster, wo das Lateinische einen hohen Stellenwert besitzt und alles seine genaue Ordnung hat. Sein Umherirren durch die Welt ist jedoch nichts Ungewöhnliches, sondern eher typisch für eine große Zahl von Mittellosen zu Beginn des 14. Jahrhunderts.[138]

2. 5. 2. 4. Schwarze Magie und Folter in *Il nome della rosa*

Durch Salvatore wird aber auch die schwarze Magie in den Roman eingebracht, da er mit Hilfe einer schwarzen Katze und einem Huhn versucht, die Liebe eines Bauernmädchens durch einen Zauberspruch zu erlangen. Dieser Aspekt wurde

---

[137] Vgl. Urban, S. 53.
[138] Vgl. Ickert/Schick, S. 63f.

in den Film übernommen, wohl um den Verdacht nicht gänzlich von Salvatore abzulenken.

Ebenso spielt der Aspekt der Folter im Roman eine wichtige Rolle. Im Mittelalter war es nämlich vor allem wichtig, Beweise für die Schuld eines Angeklagten zu erlangen. Und welcher Beweis konnte da besser sein als das Geständnis des Angeklagten. Der Wahrheit selbst wurde dabei weniger Beachtung geschenkt. Und nicht selten wurde dazu die Folter eingesetzt, um den Angeklagten zu einem wahren oder unwahren Geständnis zu zwingen.

> `Tu non devi che confessare. E sarai dannato e condannato se confesserai, e sarei dannato e condannato se non confesserai,[...].' Fu chiaro a questo punto cosa Bernardo volesse. Per nulla interessato a sapere chi avesse ucciso gli altri monaci, voleva solo dimostrare che [...] un solo uomo, in quell'abbazia, partecipava di tutte quelle eresie, ed era stato l'autore di molti delitti [...].

> (*Il nome della rosa*, S. 384f)

Der Aspekt der Folter wurde ebenso wie die schwarze Magie in den Film übernommen. Denn diese Thematik ist leicht in die Handlung zu integrieren und dient auch dem Schwerpunkt der Filmhandlung, der Aufklärung der Morde. In Szene 51 wird Salvatore von Bernardo Gui gefoltert, um dadurch zu einer Aussage gezwungen zu werden:

> `Frate Salvatore. Queste torture mi daranno lo stesso dolore che daranno a te. Ma tu puoi porvi fine prima ancora qui cominciamo. Apri le porte del tuo cuore! Indagami la profondità della tua anima.'

> (Szene 51)

2. 5. 3. Die Funktion des Mädchens in Roman und Film und ihr Bezug zum Titel

Das Mädchen, in beiden Medien namenlos, verkörpert sowohl im Roman als auch im Film die Verführung, moralische Grundsätze zu verletzen. Ein Vergleich mit Eva aus dem Alten Testament drängt sich auf. Das Mädchen zählt zu der unteren Schicht im sozialen System, wodurch ein Umgang mit ihr verboten ist und als moralisch verwerflich gilt. Adso verstößt bei seinem nächtlichen Abenteuer mit dem Mädchen also nicht nur gegen das Zölibat, sondern auch gegen moralische Grundsätze. Bei ihrer Begegnung mit Adso spricht das Mädchen nur wenige Worte in ihrem Dialekt, sie versteht weder Latein noch Adsos

Deutsch. In der Filmversion hingegen spricht sie überhaupt nicht und auch Adso versucht erst gar nicht mit ihr zu reden.

Die anfängliche Sprachlosigkeit und Unfähigkeit Adsos, seine Gefühle in Worte zu fassen,[139] wurde im Film für die gesamte Szene verwendet. Daher hatte Regisseur Annaud die Befürchtung, daß Adso dem Zuschauer als gewissenloser Verführer erscheine, weshalb er das Mädchen am Schluß noch einmal auftauchen läßt.[140]

Nicht umsetzbar war hier Adsos Anwendung des Hohelieds von Salomon in bezug auf das Mädchen, die sich im Roman über mehrere Seiten erstreckt:

> *Di colpo la fanciulla mi apparve così come la vergine nera ma bella di cui dice il Cantico. Essa portava un abituccio liso di stoffa grezza [...]*
>
> (*Il nome della rosa*, S. 248)

Der Film kann aufgrund seines Zeitlimits keine seitenlangen Zitate wortwörtlich wiedergeben. Auch müßte dann die Situation ganz genauso dargestellt werden wie im „Hohelied Salomons" beschrieben, was einige Probleme bereiten dürfte. Umberto Eco ist gezwungen, Adso die Situation auf irgendeine Weise schildern zu lassen, da der Leser sie sonst nicht mitbekommen würde. Der Zuschauer hingegen sieht, was passiert und kann sich selbst ein Bild davon machen. Im Film *muß* die Situation also einerseits nicht sprachlich beschrieben werden, andererseits *kann* sie es auch nicht in derselben Form wie im Roman, wodurch die jeweiligen Vor- und Nachteile von Roman und Film wieder einmal zum Ausdruck kommen.

Das Mädchen bleibt jedoch in beiden Medien Adsos einzige Liebe, an die er sich auch als Greis noch zurückerinnert.[141] Im Film wird dies am Schluß noch stärker betont als im Roman, da das Mädchen im Film für Adsos Entwicklung eine größere Rolle spielt.

Die letzten, zum Teil aus dem Roman übernommenen Worte Adsos gehören ihr:

> *Ma – ora che sono molto, molto vecchio, mi rendo conto che di tutti i volti che dal passato mi tornano alla mente più chiaro di tutti vedo quello della fanciulla che ha visitato tante volte i miei sogni di adulto e*

---

[139] Vgl. Ickert/Schick, S. 98.
[140] Vgl. Eco, *Erklärung*, S. 27.
[141] Vgl. Urban, S. 80f.

di vegliardo eppure dell' unico amore terreno della mia vita non avevo saputo ne seppi mai – il nome.

(Szene 70) [142]

Adso erfährt also auch im Film nie den Namen des Mädchens, sie bleibt das Unbekannte, wird jedoch für eine Interpretationsmöglichkeit des Roman- und Filmtitels herangezogen. Denn sie könnte die „Rose" sein, da die Rose als Symbol der Liebe gilt. Durch die Wahl des Titels möchte Eco seinen Lesern alle Lese- und Interpretationsarten offen lassen.[143] Da der Titel wörtlich für den Film übernommen wurde, sollte diese Möglichkeit nicht nur den Lesern des Romans, sondern auch den Zuschauern des Films vorbehalten sein.

Untrennbar mit der Darstellung der handelnden Personen verbunden ist das Element Sprache, das im folgenden Punkt besprochen wird.

2. 6. Die Umsetzung der Sprachsituation von *Il nome della rosa*

2. 6. 1. Die Umsetzung der Dialoge und die Übernahme von literarischen Zitaten

Das größte Problem bei der Umsetzung der Sprache stellten natürlich die Dialoge dar. Die Dialoge werden im Roman alle von Adso wiedergegeben, das heißt also in der dritten Person:

`Dove avete sepolto il povero corpo?´ domandò Guglielmo.

`Nel cimitero, naturalmente,´ rispose l'Abate.

(*Il nome della rosa*, S. 40)

Im Film entfällt dies natürlich, weil der Zuschauer selbst erkennen kann, wer gerade spricht. Folglich erübrigen sich auch die erklärenden Zusätze wie zum Beispiel „`Frate Guglielmo´ disse l`Abate in tono conciliante." (*Il nome della rosa*, S. 46)

Somit mußten die meisten Dialoge für den Film umgestaltet werden. Die Gefühle und Gedankenführung der einzelnen Personen, für die im Roman ein Platz von jeweils mehreren Seiten vorhanden ist, müssen im Film mehr oder weniger

---

[142] Vergleiche dazu: Eco, *Rose*, S. 409: *Dell'unico amore terreno della mia vita non sapevo, e non seppi mai, il nome.*

[143] Vgl. Urban, S. 81.

nebenbei ausgedrückt werden. Dadurch entsteht ohne Frage eine andere Fokussierung des Schwerpunktes. Man denke nur an die bereits beschriebene Gedankenführung Guglielmos. Sie spielt im Roman eine viel tiefsinnigere Rolle, da man Gedanken bildlich nicht darstellen kann und eine verbale Ausführung für den Film zu lang wäre. So zum Beispiel die langen Überlegungen Guglielmos zur Lösung des Rätsels um Finis Africae, das der Filmheld naturgemäß viel schneller entschlüsseln muß als der Romanheld.[144]

Filmdialoge müssen in der Regel kurz gehalten werden, um den Zuschauer nicht zu ermüden. Da in einem Film viel mehr Bilder gezeigt werden, als der Zuschauer eigentlich zum Verständnis der Handlung benötigt, muß bei den Dialogen auf Redundanz so weit wie möglich verzichtet werden. Je mehr Wiederholungen, Doppelungen oder Nachfragen eines der Gesprächspartner im Film vorkommen, desto mehr ermüdet und langweilt sich der Zuschauer, da er dann sowohl auf der visuellen als auch auf der akustischen Ebene Redundanz erfährt.[145] Damit ergibt sich bei *Il nome della rosa* folgendes Problem: Adso muß Fragen stellen, um das Wissensdefizit des Zuschauers zu reduzieren, darf aber nicht zu viel nachfragen. Das ist mit ein Grund, warum beim Schreiben des Drehbuches auf die Übernahme allzu komplizierter Sachverhalte und Hintergründe verzichtet wurde. Somit konnte die Funktion Adsos im Film den gleichen Sinn behalten wie im Roman.

Da die Dialoge im Film nicht so lang sein können wie im Roman, kann der Film aber auch kaum all die Zitate wiedergeben, die Umberto Eco in seinen Roman eingebracht hat. Die vielen schwer adaptierbaren intertextuellen Anspielungen sowie die wörtliche Wiedergabe von wahren und auch gefälschten literarischen Zitaten, in ihrer Vermischung auch ein typisch postmodernes Merkmal, wurden im Film auf das absolute Minimum beschränkt.[146] Die „storia di libri", als die Umberto Eco sein Werk bezeichnet, (*Il nome della rosa*, S. 15) mußte also im Film stark reduziert werden. So wird zum Beispiel gleich zu Beginn des Films Guglielmos Beschreibung des Pferdes Brunello weggelassen, die sich Eco aus Voltaires *Zadig* entliehen hat und die ursprünglich aus dem Persischen kommt.

---

[144] Vgl. Baumann/Sahihi, S. 41.

[145] Vgl. David Lodge, „Roman, Theaterstück, Drehbuch. Drei Arten eine Geschichte zu erzählen", in: *Intermedialität – Theorie und Praxis eines interdisziplinären Forschungsgebiets*, herausgegeben von Jörg Helbig (Berlin, 1998), S. 68–80.

[146] Vgl. Baumann/Sahihi, S. 41.

Um dem Zuschauer das Verständnis zu erleichtern, wird von den meisten lateinischen Aussagen und Zitaten eine Übersetzung eingeblendet, wie zum Beispiel in Szene 8 der lateinische Text, den Ubertino zu Adso sagt:

Pulcra enim sunt ubera quae paululum supereminent!

=

Belli sono i seni di piccola fattura...

(Szene 8)

Wörtlich übernommen und unübersetzt gelassen wurde allerdings der lateinische Schlußsatz:

Stat rosa pristina nomine nomina nuda tenemus.

(*Il nome della rosa*, S. 503 bzw. Schwarzblende)

Jedoch wurde der Hexameter aus *De contemptu mundi* des Benediktiners Bernardus Morlanensis nicht verbal in den Film übernommen, sondern steht in der Schwarzblende vor dem Abspann, nachdem die Handlung bereits vorbei ist. So ist es nicht weiter schlimm, wenn der Zuschauer den Sinn nicht begreift, weil es ihn nicht ehr am Verstehen des Films hindert, sondern ihn nur hinterher vielleicht noch einmal zum Nachdenken anregt.

2. 6. 2. Umsetzungsprobleme vom Wort zum Bild

Seit dem Ende der Stummfilmzeit besteht bei Literaturverfilmungen vor allem das Problem, welchem der beiden Elemente, Bild oder Wort, die entscheidendere Funktion zukommen soll.[147] Beim Roman überwiegt, mit Ausnahme einiger Illustrationen, die reine Sprache. Beim Film hingegen spielt die bildliche Darstellung medienbedingt die größte Rolle, auch wenn noch so viele Dialoge vorkommen.[148] An dieser Stelle sei noch einmal darauf aufmerksam gemacht, daß im Roman die Sprache dazu verwendet wird, darzustellen *und* zu vermitteln, während im Film das Darstellen der Schauspieler übernimmt und die Sprache ausschließlich zum Vermitteln dient.[149] Lange deskriptive Phasen oder Erzählungen, die einen Gegenstand oder eine Handlung beschreiben, sind im Film selten in der gleichen Form vorhanden. Bereits im ersten Kapitel des Romans *Il*

---

[147] Vgl. Reif, S. 167.

[148] Vgl. Baumann/Sahihi, S. 38.

[149] Vgl. Paech, *Methodenprobleme*, S. 61.

nome della rosa fällt auf, daß sich Adso einer stilistisch mittelalterlichen Sprache bedient, wenn er zum Beispiel die Abtei beschreibt:

> *Dico che in certi punti, dal basso, sembrava che la roccia si prolungasse verso il cielo[...] .*
>
> (*Il nome della rosa*, S. 29)

Dieses einleitende „Dico che", das sich auch bei Dante und Boccaccio findet, ist ein sogenanntes „dico dichiarativo" und als solches typisch für die mittelalterliche Sprachverwendung. Im Film hingegen ist dieses erklärende „dico che" nicht wiederzufinden, zumal, wie dargelegt, auch in *Il nome della rosa* außer den zehn kurzen Erläuterungen des alten Adso, keine Szenen vorhanden sind, in denen etwas verbal beschrieben wird.

Die deskriptiven Stellen im Roman, zum Beispiel Adsos Beschreibung des Kirchenportals am ersten Tag,[150] die wie Arien, die große Rhetorik des Mittelalters nachahmen,[151] sind im Film also nicht vorhanden. Statt dessen wandert der Zuschauer fast zwei Minuten lang mit dem bewundernden Adso vor dem Kirchenportal hin- und her. Zusätzlich ist eine tiefe, getragene Musik zu hören, die hier mit der Kameraführung zusammen die Sprache des Romans übernimmt. (Szene 22, *Portal*) Die Sprache kann also ebenfalls von der Musik übernommen werden.[152]

Auffällig an Adsos Sprechweise im Roman ist auch, daß er oft vorgibt, von etwas nicht sprechen zu wollen, es aber dann doch tut. Zusätzlich stellt er Personen und Tatsachen so hin, als würde der Leser sie von sich aus wissen, erklärt sie aber dann sofort:[153]

> *E non è chi non veda l'ammirevole concordia di tanti numeri santi [...].*
> *Otto il numero della perfezione d'ogni tetragono, quattro il numero [...].*
>
> (*Il nome della rosa*, S. 30)

Dadurch wird der Roman auch historisch weniger gebildeten Lesern leichter zugänglich.[154]

---

[150] Vgl. Eco, *Rosa*, S. 48ff.

[151] Vgl. Eco, *Nachschrift*, S. 40.

[152] Vgl. Roman Jacobson, „Verfall des Films", in: *Sprache im technischen Zeitalter 25-28 (1968)*, herausgegeben von Walter Höllerer, 185–191.

[153] Vgl. Eco, *Nachschrift*, S. 45.

[154] Vgl. Eco, *Nachschrift*, S. 45.

Mangels Möglichkeiten infolge der wenigen erklärenden Einschübe des alten Adso, taucht auch dieses rhetorische Stilmittel der Paralipse in der Filmversion nicht auf. Da es aber hauptsächlich dafür gedacht ist, den Roman auch verstehen zu können, wenn man keine fundierten Kenntnisse der politischen oder religiösen Zusammenhänge hat, ist es für die Filmversion nicht in dem Maße notwendig. Die im Vergleich zum Roman wenigen vorhandenen Unklarheiten in bezug auf die Hintergründe der Handlung werden entweder von Guglielmo auf Adsos Fragen hin geklärt, da Adso ja dasselbe Wissensdefizit wie der Zuschauer aufweist, oder dienen dazu, die Spannung zu steigern. Man denke nur an die Erklärungen Guglielmos zum Dolcinianerorden in Szene 23 oder an Salvatores Versuch der schwarzen Messe mit dem Bauernmädchen in Szene 48.

Die filmische Umsetzung der Sprachsituation von *Il nome della rosa* zeigt wieder einmal, daß man einen Vergleich von Roman und Film auf unterschiedlichen Ebenen ansetzen muß.

Die bildliche Darstellung ist naturgemäß das auffälligste Merkmal des Films und hebt diesen von allen anderen Medien ab. Die Vorstellungsebene wird dabei durch die Wahrnehmungsebene verdrängt, denn der Zuschauer eines Filmes ist nicht auf sein Vorstellungsvermögen und seine Phantasie angewiesen, um sich bestimmte Merkmale eines Films, wie zum Beispiel den genauen Handlungsablauf oder das Aussehen der Protagonisten bildlich vergegenwärtigen zu können. Heißt es im Roman zum Beispiel „Der Mönch rannte davon", so bleibt es dem jeweiligen Leser und seiner Imagination überlassen, wie und wohin der Mönch läuft und wie er aussieht. Im Film aber weiß der Zuschauer bei demselben Sachverhalt auch sofort, wohin der Mönch läuft und ob er alt, jung, groß oder klein ist, ohne auch nur eine Sekunde darüber nachdenken zu müssen. Auch der weitere Verlauf der Handlung ist damit meistens schon absehbar, denn sieht man den Mönch zum Beispiel langsam laufen, ist den meisten Zuschauern klar, daß eventuelle Verfolger ihn bald einholen werden, ohne daß zur Erklärung zusätzlich lange deskriptive Phasen nötig wären. Man spricht daher von der „visuellen Codierung" des Films.[155]

Nimmt man zum Beispiel das Kapitel *Terza* des fünften Tages, in dem Severino Guglielmo vom Finden des geheimnisvollen Buches erzählen möchte, dann liest

---

[155] Vgl. Baumann/Sahihi, S. 38.

man dort, wie Guglielmo auf Severino aufmerksam wird, wie Guglielmo darauf reagiert und wie nervös Severino ist:

> *[...] Uno dei novizi di guardia venne a sussurare a Guglielmo che Severino gli voleva parlare con urgenza. [...] Guglielmo [...] si diresse su Severino, che ci attendeva in un angolo. Era ansioso, voleva parlarci in privato [...].*
>
> (*Il nome della rosa*, S. 353)

Dann erst kann die Erklärung Severinos folgen, daß er ein Buch gefunden habe, *uno strano libro*, (*Il nome della rosa*, S. 353) damit der Leser auch weiß, worum es geht. Im Film sieht man statt dessen visuell, wo Guglielmo sich befindet und wie die Handlung abläuft und man kann an Severinos Gesicht unschwer erkennen, daß er aufgeregt ist. Verbal-sprachlich muß hier nur der kurze Wortwechsel zwischen Severino und Guglielmo folgen:

Severino: *Guglielmo! Ho trovato il libro! Ho trovato il libro nel mio laboratorio, un libro in greco. Era nascosto indietro li recipienti delle mie erbe.*

Guglielmo: *Non toccarlo. Torna là. E non apprire a nessuno! Ti raggiungerò là appena potrò.*

(Szene 54)

Dafür kann zur gleichen Zeit die Debatte zwischen den Franziskanern und der Päpstlichen Delegation weiterhin im Hintergrund zu hören sein, während der Zuschauer eigentlich schon eine ganz andere Szene sieht. Dadurch spart der Film an Zeit, die Debatte fließt in die Filmhandlung mit ein, aber nimmt nicht überhand. Hier wird deutlich, daß Regisseur Annaud versucht hat, die vielen religiösen und politischen Thematiken des Romans in seinen Film zu übernehmen, aber trotzdem ein Maß zu finden, das auf die Zielgruppe der Kinogänger zugeschnitten ist.

Viele sprachliche Elemente des Romans *Il nome della rosa* sind somit auch in der Filmversion vorhanden, jedoch in anderer Form. Man kann es also nicht als eine Schwäche des Films ansehen, daß er sich nicht vorwiegend, wie zum Beispiel bei den Szenen mit der Stimme des alten Adso aus dem *OFF*, der epischen und erklärenden Sprachform bedient.[156] Vielmehr muß man einen Vergleich der Sprache der beiden Versionen von *Il nome della rosa* auf mehreren Ebenen be-

---

[156] Vgl. Reif, S. 164.

trachten. Zusätzlich zu der verbalen Sprache hat der Film nämlich vor allem seine „eigene" Sprache. Eine Sprache, ohne die Literaturverfilmungen überhaupt nicht möglich und die Umsetzung der darstellenden und der erzählenden Sprache durch Kameraeinstellungen ausgeschlossen wäre – die Filmsprache:[157]

Sieht man hierbei nun die verbale Sprache als die einzig bestehende linguistische Darstellung, dann ist jede weitere Betrachtung der Filmsprache unnötig. Man kann aber von der verbalen Sprache ausgehen und vergleichen, welche ihrer Kennzeichen im Film wiederzufinden sind. Ansonsten besteht die Filmsprache in der Regel aus Zeichen, sogenannten filmografischen Codes, die für etwas anderes stehen und etwas anderes erkennbar machen sollen.[158]

2. 7. Die Darstellung von Emotionen, der Beziehung der Protagonisten zueinander und der deskriptiven Elemente durch filmdramaturgische Gestaltungsmittel in *Il nome della rosa*

2. 7. 1. Die Umsetzung durch die Kameraperspektive – Hinweisen und Abschrecken durch *Detailaufnahmen*

Ein Problem der Filmsprache ist gleichzeitig das Problem der Filmeigenschaften. Diese können von verschiedenen Rezipienten auf jeweils verschiedene Weise verstanden werden.[159] Dennoch kann die Kamera den Zuschauer beeinflussen. Durch die unterschiedliche Wahl der Kamera-Perspektive zum Beispiel erhält jedes Bild eine andere Aussagekraft. Daher ist die jeweilige Einstellung für die Handlung des Films von großer Bedeutung.

Wie bereits erläutert, übernimmt die Kamera im Film die Funktion des Erzählers. Sie führt den Zuschauer gewissermaßen durch das Geschehen, wobei sie immer wieder seine Aufmerksamkeit auf bestimmte Gegenstände lenkt. Ungefähr 25 Mal bedient sich die Kamera in *Il nome della rosa* dafür der *Detailaufnahme*, das heißt ein Ausschnitt wird besonders groß und deutlich gezeigt. Die jeweils handelnde Person muß dabei also nicht beschreiben, welches Detail gerade ihr Interesse auf sich zieht, denn der Blick des Zuschauers wird direkt dar-

---

[157] Vgl. Jan-Marie Peters, „Die Struktur der Filmsprache", in: *Theorie des Kinos. Ideologiekritik der Traumfabrik*, herausgegeben von Karsten Witte (Frankfurt, 1972), S. 171–186.

[158] Vgl. Peters, *Filmsprache*, S. 171.

[159] Vgl. Werner Faulstich, *Einführung in die Filmanalyse*, herausgegeben von W. Faulstich und H.-W. Ludwig, Literaturwissenschaft im Grundstudium 1 (Tübingen, 1976). S. 25.

auf gelenkt. Die Detailaufnahme vermittelt hier entweder Interesse und Vertrautheit oder aber auch schockierendes Daraufhinweisen.[160]

Als Beispiele dienen hierfür die Detailaufnahmen in Szene 24, die einen Blick durchs Guglielmos Brille ermöglichen, woraufhin man einen Ausschnitt eines vergrößert Buches sehen kann, sowie in Szene 55, als Severino erschlagen wird.

2. 7. 2. Orientierungshilfe und Umsetzung deskriptiver Elemente durch *Totale* und *Halbtotale*

Halbtotal- und Totalaufnahmen dienen zur ersten Orientierung für den Zuschauer. Dieser kann somit einordnen, wo sich die folgende Handlung abspielt. Eine Beschreibung durch einen Erzähler oder durch eine der Hauptfiguren, wie sie im Roman notwendig ist, kann daher entfallen. Auch der Roman *Il nome della* rosa beginnt mit der Beschreibung der Landschaft und der Abtei, die in der Ferne auftaucht:

> *Era una bella mattina di fine novembre. Nella notte aveva nevicato un poco, ma il terreno era coperto di un velo fresco non più alto di tre dita. [...] Non mi stupirono di essa le mura che la cingevano da ogni lato[...]*
>
> (*Il nome della rosa*, S. 29)

Ein großer Vorteil des Films ist, daß er deskriptive Phasen, für die im Roman oft mehrere Seiten nötig sind, mit wenigen Bildern zum Ausdruck bringen kann. Und das ist einer der größten Unterschiede zwischen Roman und Film. Gerade einem Leser, der vor allem auf Unterhaltung und Entspannung aus ist, sind die seitenlangen detailgetreuen Beschreibungen oft lästig und er wird sie, wenn er sicher ist, daß dazwischen keine handlungsrelevanten Ereignisse stattfinden, früher oder später überblättern. Daß spätestens hier wieder die Kritiker zu Wort kommen, die den Film deshalb als ein, auf ein reines Massenmedium ausgelegtes, qualitativ minderwertiges Werk bezeichnen, sei für diesen Moment zurückgestellt.

Im Film sieht also der Zuschauer Guglielmo und Adso durch eine Winterlandschaft reiten und kurz darauf die Abtei im Hintergrund. Er weiß sofort, wie diese aussieht, und benötigt dazu keine langen Erklärungen. Wie aber weiß er, daß Adso beim Anblick der Abteimauern nicht verwundert, vom „Edificio" aber be-

---

[160] Vgl. Thomas Kuchenbuch, *Filmanalyse –Theorien, Modelle, Kritik* (Köln, 1978), S.39.

eindruckt ist, und daß er die Abtei in Gedanken mit anderen ihm bekannten Abteien vergleicht?

Non mi stupirono di essa le mura ... simili ad altre che vidi in tutto il mondo cristiano, ma la mole di quello poi appresi essere l'Edificio.

(*Il nome della rosa*, S. 29)

In den meisten Fällen durch Dialoge. Im Film *Il nome della rosa* erfährt er es gar nicht, weil Regisseur Jean-Jacques Annaud es für den Verlauf der Filmhandlung nicht für wichtig hielt. Hier ist vor allem von Belang, daß der Zuschauer weiß, in welcher Umgebung sich die Handlung abspielt. An dieser Stelle werden wieder die verschiedenen Zielgruppen und die deshalb unterschiedlichen, bereits dargelegten Schwerpunkte der Handlung der beiden Medien Roman und Film deutlich.

In *Il nome della rosa* gibt es ungefähr 90 Halbtotal-Einstellungen. Sie werden fast in jeder Szene mehrmals verwendet, wodurch sich die Zuschauer immer wieder im Geschehen zurechtfinden und erkennen können, wo die Handlung spielt. Dies ist vor allem dann wichtig, wenn der Schauplatz öfters wechselt, wie zum Beispiel bei den Schlußszenen 63 und 64 (*Brand in der Bibliothek* und *Verbrennung der Gefangenen*), die parallel stattfinden. Durch diese Halbtotaleinstellungen wird der Zuschauer aber nicht wie bei der Totalen, vom Geschehen distanziert, da dabei Handlungszusammenhänge weiter erkennbar sind.

Wenn ein neuer Teil der Handlung beginnt oder neue Personen eingeführt werden, bedient sich die Kamera in *Il nome della rosa* des sogenannten *Panoramaschwenks*, einer Form der *Total-Aufnahme*: also zum Beispiel zu Beginn des Films, bei Ankunft der Franziskaner und als Abschluß, als Guglielmo und Adso davon reiten.

Zwischendurch wird immer wieder ein *Schnittbild* vom Panorama eingeblendet, das die Situation in der Abtei wieder ins Gedächtnis rufen soll, denn diese sind hier so aufgenommen, daß sie immer wieder ein düsteres Bild von der Abtei erwecken oder sie ganz klein im Vergleich zu der weiten, bedrohlichen Landschaft zeigen.

Bei der Umsetzung deskriptiver Elemente von *Il nome della rosa* hat sich jedoch ein Problem ergeben, das hier nur kurz angesprochen werden soll: die Besetzung der Mönche. Alle Mönche sind gleich angezogen, sie tragen eine Kutte und haben Sandalen an. Im Roman kann man sie aufgrund ihrer Beschreibung leicht auseinanderhalten. Im Film müssen sie dafür sehr markante Gesichtszüge haben

und daher mußte erst eine Reihe von Schauspielern mit ausgeprägten Gesichts-
formen gefunden werden, um den Zuschauer nicht zu verwirren.[161]

2. 7. 3. Vermittlung der Emotionen durch *Groß- und Nahaufnahmen*

Der Film *Il nome della rosa* verwendet viele Groß- und Nahaufnahmen. Das
zeigt, daß die einzelnen Charaktere der Mittelpunkt der Handlung sind. Denn
Mimik und Ausdruck stehen bei diesen Bildeinstellungen im Vordergrund. Dies
ist besonders häufig der Fall in Situationen, die für den jeweiligen Protagonisten
eine große emotionale Bedeutung haben oder bei ihm einen inneren Konflikt
erzeugen. Der Zuschauer soll anhand der Mimik des Darstellers auch ohne
Worte erkennen, was dieser gerade denkt, was bei *Il nome della rosa* zum Beispiel in Szene 13 geschieht: Venanzio erschrickt vor einem Geräusch, hat kurz
Angst und überwindet diese dann.

All das wird aber weder erzählt, noch sagt es uns Venanzio selbst. Man erkennt
es durch die Großaufnahme an seiner Mimik. Auch Szene 43 ist hierfür ein gutes Beispiel. Guglielmo erfährt in dieser Szene, daß Bernardo Gui auf dem Weg
zur Abtei ist. Im Roman werden Guglielmos Reaktion und seine Gefühle beschrieben:

> *Guglielmo esplose in una esclamazione nella sua lingua, che non capii,*
> *né capì l'Abate, [...]. `La cosa non mi piace,' aggiunse subito.*
>
> (*Il nome della rosa*, S. 213)

Und es folgt eine längere Erklärung, warum Guglielmo Bernardo Gui nicht in
der Abtei haben möchte. Im Film hingegen wird nicht gesprochen. Man sieht an
Guglielmos Zucken und an seinen Augen, daß ihm die Sache unangenehm ist.

Im Film spielt Guglielmos Angst vor Gui aber eine wesentlich stärkere Rolle.
Dennoch erfährt der Zuschauer nicht gleich warum, sondern die nicht erklärten
Emotionen werden hier zusätzlich als spannungssteigerndes Element genutzt.

Auch in den Schlußszenen des Films, die besonders Guglielmo, aber auch Salvatore, der im Film ja verbrannt wird, in eine schwierige emotionale Lage bringen, werden durch Großaufnahmen die Gefühle und Gedanken der einzelnen
Charaktere in den Vordergrund gestellt. Als das Feuer vor Salvatore lodert, bekommt er Todesangst, und als Guglielmo, ebenfalls vom Feuer eingeschlossen,

---

[161] Vgl. Baumann/Sahihi, S. 14.

erkennt, daß er verloren hat, sieht man seinem Gesicht deutlich seine Resignation und Verzweiflung an, ohne daß er diese in verbaler Form kommentieren müßte. Diese Art der Gedankenvermittlung wäre im Roman natürlich nicht möglich. Im Roman steht hierfür ein Dialog zwischen Adso und Guglielmo von über einer Seite:

> `Era la più grande biblioteca della cristianità,' disse Guglielmo. `Ora,' aggiunse,` l'Anticristo è veramente vicino perché nessuna sapienza gli farà più da barriera. '[...] `Ma maestro,' azzardai dolente, `voi ora parlate così perché siete ferito nel profondo dell'animo.' [...] `Non v'era una trama,' disse Guglielmo, `e io l'ho scoperto per sbaglio.' [...]
>
> (*Il nome della rosa*, S. 494)

Die Kombination von Groß- und Nahaufnahmen ist aber auch die klassische Einstellung bei Dialogsituationen:

2. 7. 4. Die Umsetzung der Gespräche mit *Schuß-Gegenschuß-Verfahren* oder *over- shoulder*

Das sogenannte *Schuß-Gegenschuß-Verfahren*, das bereits unter Punkt 2. 2. 1. angesprochen wurde, da die Kamera im Film ja den Erzähler ersetzen muß, wird in *Il nome della rosa* zweimal angewandt: beim Gespräch zwischen Guglielmo und dem Abt in Szene 6 und beim Gespräch zwischen Guglielmo und Severino während der Obduktion von Venanzio in Szene 20. Der Zuschauer wird dabei vom „distanzierten Beobachter" zum „direkt Beteiligten". Er fühlt sich als Teil der Handlung, was dem Leser des Roman nur sehr schwer vermittelt werden kann.

Im Gegensatz dazu stehen die sogenannten *over-shoulder-Gespräche*, bei denen man den einen Gesprächspartner immer über die Schulter des anderen sieht. In *Il nome della rosa* kommen Gespräche im *over-shoulder-Verfahren* in vier Szenen vor. Dabei wird der Zuschauer zum „heimlichen Beobachter" des Gesprächs. Er fühlt sich ausgeschlossen, hat aber gleichzeitig das Gefühl, etwas Verborgenes zu erfahren, was wiederum die Spannung anhebt. Als Beispiel sollen hierfür Szene 4 und Szene 6 dienen. In Szene 4 spricht der Abt mit Malachia über Guglielmo und seine Fähigkeiten. Ein Teil der Handlung wird als Einführung schon vorweggenommen, der Zuschauer erfährt aber noch nicht alles. Er ist nur Beobachter des Gesprächs und kann daher auch nicht wissen, worüber der Abt und

Malachia genau sprechen, also was Malachia Guglielmo nicht sagen möchte und was die „posti sbagliati" sind:

Abt: *Glielo dovremmo dire?*

Malachia: *No! Andrebbe a cercare nei posti sbagliati.*

Abt: *Eh! Se venisse a saperlo – per suo conto...!*

Malachia: *Voi sopravvalutate i suoi talenti, Magnificentissimo! C'è solo un autorità in grado di investigare tale materie: la Santa Inquisizione!*

(Szene 4)

Szene 6, in der der Abt mit Guglielmo spricht, dient als Beispiel dafür, daß der Zuschauer das Gefühl hat, etwas Verborgenes zu erfahren. Denn als der Abt und Guglielmo nach einer harmlosen, alltäglichen Unterhaltung auf den ersten Toten in der Abtei zu sprechen kommen, wechselt auch die Perspektive der Kamera wieder vom *Schuß-Gegenschuß-Verfahren* zu *over-shoulder*. Der Zuschauer ist also nicht mehr direkt **im** Geschehen, sondern wieder in der Rolle des heimlichen Beobachters.

2. 7. 5.   Die Umsetzung der Darstellung von Macht und Ergebenheit durch *Auf- und Untersicht*

Auffällig ist in *Il nome della rosa* die häufige Verwendung von Aufsicht und Untersicht. Die schwächere Person wird dabei tendenziell aus der Aufsicht, also von oben gefilmt, die mächtigere Person von unten aus der Untersicht.[162]

In Szene 51 zum Beispiel ist dieses Verhältnis der Personen untereinander sehr schön zu erkennen. Als Bernardo Gui Salvatore verhört, ist er der Mächtigere und ist meistens aus der Untersicht zu sehen, wodurch er noch größer erscheint, während Salvatore als der ihm Ergebene, immer aus der Aufsicht gefilmt wurde, man also auf ihn herabblickt.

Auch in Szene 60, als Adso vor den Marienstatue kniet und um Hilfe für das Mädchen bittet, kommt die Beziehung von Macht und Ohnmacht zum Ausdruck. Adso blickt immer auf zu der Marienstatue, die viel weiter oben ist als er, und er erscheint von oben aus gesehen klein und schwach. Ebenso in Szene 65, als Adso Bernardo Guis Flucht verhindern will und von diesem dabei zu Boden

---

[162]   Vgl. Kuchenbuch, S. 38.

gestoßen wird, ist Adso aus der Aufsicht dargestellt, da er in diesem Moment der Unterlegene ist.

2. 7. 6. Die Darstellung von Handlung und Emotionen durch Lichtverhältnisse

Die Handlung von *Il nome della rosa* ist im doppelten Sinne in einer lichtlosen Zeit angesiedelt. Zum einen gab es im Mittelalter noch kein elektrisches Licht, sondern hauptsächlich Öllampen, und zum anderen im übertragen Sinne aufgrund der grausamen Verbrechen, die in der Abtei passieren. Somit hätte man gut vom vorhandenen Licht dieser Zeit, den Öllampen, ausgehen können, um die Authentizität des Films zu verstärken. Statt dessen wurden die Räume aber mit klassischem Filmlicht ausgeleuchtet, was einen leichten Bruch erzeugt, denn in bezug auf Raumdarstellung, Kleidung und Requisiten wurde äußerster Wert auf eine authentische Darstellung des Mittelalters gelegt.[163] Dennoch kommt durch den Unterschied von Hell und Dunkel der seelische Zustand der Protagonisten gut zum Ausdruck. In den Innenräumen, zum Beispiel in der Kammer von Guglielmo und Adso und im Labyrinth, gibt es nur spärliches Licht. Das Dunkel symbolisiert die Ungewißheit, die Bedrohung und die Angst. So kommt zum Beispiel auch ˋdie Bedrohungˊ Bernardo Gui bei Nacht in der Abtei an, und in Szene 50 (*Guglielmo und Adso in ihrer Kammer*) ist die Kammer fast im Dunkeln, als Guglielmo Adso resigniert von seiner Vergangenheit und seinen Problemen mit dem Inquisitor berichtet:

Guglielmo:	*Lei è già carne bruciata, Adso. Bernardo Gui ha parlato. Lei è una strega.*
Adso:	*Ma non è vero, e voi lo sapete!*
Guglielmo:	*Ma certo che lo so. Ma so anche che chiunque contesta il verdetto di un inquisatore- è lui stesso un eretico.*
Adso:	*Sembra che voi sapiate molto.*
Guglielmo:	*Ah, si.*
Adso:	*Non volete dirmi niente? Come un amico.*
Guglielmo:	*Ma, non cˊè molto da dire. Anche io sono stato un inquisitore, ma molto tempo fa. Quando lˊinquisizione*

---

[163] Vgl. Achim Dunker, *Die chinesische Sonne scheint von unten – Licht- und Schattenge-staltung im Film*, TR – Praktikum 9, (München, 2. Aufl. 1997), S. 111.

voleva guidare non punire. Una volta presidieti un processo contro un uomo che era solo colpevole di aver tradotto dal greco un libro che contrastava con le sacre scritture. Bernardo Gui lo voleva condannato come eretico. Io lo mandai asolto. E allora Bernardo Gui accussò me di eresia per aver difeso quel uomo. [...]

Adso: *Come – come andò a finire?*

Guglielmo: *L'uomo fu bruciato giù al luogo e io sono ancora vivo.*

(Szene 50)

Die Franziskaner auf ihrem Weg zur Abtei, die sich noch über die schöne Landschaft, in der ihr Ziel liegt, freuen, befinden sich dagegen im hellen Tageslicht. Denn Licht steht, im Gegensatz zum Dunkel, für Klarheit, Sinnlichkeit und Genießen, was an dieser Szene sehr schön zu erkennen ist:

Michele da Cesena:

> *O che bello! Signore, grazie per avere guidato il nostro cammino fino a questo rifugio di pace spirituale. Perché tu desideri dar riconciliazione ... Andiamo dunque, Fratelli. [...]*

(Szene 35)

2. 7. 7. Die Symbolsprache des Films

Der Film hat auch nach der Zeit des Stummfilms noch seine „Symbolsprache".[164] Das Unter- oder Aufgehen der Sonne zum Beispiel oder die Abtei im Dunkeln zeigen das Vergehen der Zeit und das Ende beziehungsweise den Beginn eines neuen Tages an. Der am Boden liegende Schnee gleich zu Beginn von *Il nome della rosa* oder die schneebedeckten Bäume lassen auf die Jahreszeit Winter schließen, ohne daß es wie im Roman von Adso eigens erwähnt werden muß. Auffällig sind im Film auch die oft vorhandenen Windgeräusche im Hintergrund. Der Wind ist ein Symbol für nahendes Unheil und steht für Unbehagen. Gleich bei Guglielmos und Adsos Ankunft in der Abtei (Szene 2) setzen die Windgeräusche ein und sind während des gesamten Films immer wieder im Hintergrund zu hören. Adso steht dabei die Beklemmung direkt ins Gesicht ge-

---

[164] Vgl. Werner Kamp, *Autorenkonzepte und Filminterpretation*, herausgegeben von Richard Martin und Rüdiger Schreyer, Aachen British and American Studies 6 (Frankfurt am Main, 1996), S. 17.

schrieben, als sich das Tor schließt und sie nun am Ort der Verbrechen angekommen sind.

Ein weiteres Symbol der Filmsprache ist der Nebel als Element der Verfremdung und auch der wird in *Il nome della rosa* nicht gerade selten eingesetzt. Nebel impliziert immer etwas Verborgenes, etwas, das im Geheimen geschehen soll. So ist es nicht verwunderlich, daß zum Beispiel in den Szenen 54 (*Diskussion Päpstliche Delegation – Franziskaner*) und 56 (*Malachia und Remigio*) mit diesem Element gearbeitet wird, als Severino Guglielmo unauffällig von dem geheimnisvollen Buch erzählen will, beziehungsweise Remigio von Malachia gewarnt wird und zu fliehen versucht.

Zu guter Letzt wird in *Il nome della rosa* noch ein weiteres, in Kriminalfilmen sehr beliebtes Geräusch verwendet – der Donner. Dieser dient dazu, die Aufmerksamkeit des Zuschauers zu steigern und ihn zu fesseln. Außerdem steht der Donner für drohende Gefahr und drückt immer die Angst und Furcht vor etwas Gefahrbringendem aus. Nicht umsonst wird das Symbol des Donners daher in Szene 19 (*2. Toter*) verwendet, als der Tod Venanzios entdeckt wird und die Mönche den Untergang der Welt befürchten:

Monaco:	*La profezia dell`Apocalisse!...*
Monaci:	*[...] gli ultimi sette giorni! –Che il Signore ci protegga!-* *Sentitemi fratelli peccatori, sentitemi! Dio mio [...]*
(Szene 18)	

Neben der Geräuschebene gibt es natürlich noch die Musik, die bei der Analyse von Literaturverfilmungen viel zu oft vergessen wird, gerade aber bei *Il nome della rosa* eine wichtige Rolle spielt.

2. 7. 8. Die Darstellung von Emotionen, die Unterstützung der Handlung und die Spannungserzeugung durch Musik

Was sich nicht mit Bildern vermitteln läßt, kann der Film auch gut mit Geräuschen oder Musik ausdrücken. Leider wird der Filmmusik meistens viel zu wenig Bedeutung beigemessen und die auditive Ebene eines Films in Filmanalysen fast immer ausschließlich an den Dialogen festgemacht.[165] Dabei weiß fast jeder, daß zum Beispiel die Handlung einen Höhepunkt an Spannung erreicht, wenn

---

[165] Vgl. Faulstich, *Einführung*, S. 34.

die Musik lauter und bedrohlicher wird. Die Musik unterstützt somit die Film-handlung, sie hebt die Gefühle der Protagonisten hervor, fokussiert, kommen-tiert oder verdeutlicht sie. Gerade bei *Il nome della rosa* hat die Musik eine wichtige Aufgabe. Sie unterstreicht zum Beispiel Adsos Angst, wenn er von den grausamen Verbrechen erfährt (Szene 6, *Gespräch Guglielmo und Abt*), sie steigert die Spannung, wenn Guglielmo und Adso durch das Labyrinth irren, sie wird feierlich, wenn die beiden „una delle più grandi biblioteche della cristianità" (Szene 47) erreichen und sie muß zugleich in das mittelalterliche Ambiente der Handlung passen. Die Musik von *Il nome della rosa* ist daher im klassischen Stil gehalten, wirkt aber zugleich auch temperamentvoll oder bedrohlich, an Stellen wie zum Beispiel in Szene 1 (*Ankunft in der Abtei*), als sich Guglielmo und Adso der Abtei, also der Bedrohung nähern. Sie ist eine Mischung aus religiöser, mit-telalterlicher und zeitgenössischer Musik, die den Gesamtrhythmus des Films gut abrundet. Allerdings singen die Mönche die Psalmen im Gregorianischen Choral, einem einstimmigen, gottesdienstähnlichen Gesang,[166] der zwar vor al-lem bis zum 9. Jahrhundert verwendet, in seiner Einstimmigkeit aber die Ord-nung betont, und somit besonders vom Benediktiner-Orden weitergepflegt wurde. Denn auch für die Benediktiner war die Ordnung und deren strenge Ein-haltung sehr wichtig. Durch die grausamen Verbrechen in der Abtei gerät zwar die Ordnung des Klosters aus den Fugen, die Gebetsstunden werden aber wei-terhin streng eingehalten. Daß Regisseur Annaud einen Zusammenhang zwi-schen der Musik und dem Benediktiner-Orden herstellen wollte, erkennt man auch daran, daß Adso, der im Film ja Franziskaner ist, am Gesang der Benedik-tiner-Mönche zunächst mit einem verständnislosen Gesichtsausdruck teilnimmt, da ihm, als Franziskaner, der Gregorianische Choral weniger geläufig ist. Somit harmoniert der Gregorianische Choral zwar nicht unbedingt mit der im Hoch-mittelalter angesiedelten Zeit, dafür aber in erster Linie mit dem Ort der Hand-lung. Durch das besondere Merkmal des Gregorianischen Chorals, die Einstimmigkeit, eignet er sich auch gut dazu, den Bibliotheksgehilfen Berenga-rio mit einer anderen, höheren Stimmlage herausstechen zu lassen. Diese Stimmlage wurde gewählt, um Berengarios Vorliebe für junge Männer zu ver-deutlichen. Er singt im Film besonders laut, um seine Schuld abzubüßen.

---

[166] Vgl. http://www.uni-jena.de/theologie/Fachgebiete/PraktischeTheologie/f_gregor.htm

2. 8. Die Darstellung der Zeit durch die *Post-Produktion*

Fast ebenso wichtig wie die eigentlichen Dreharbeiten ist für den Film die *Post-Produktion*. In der technischen Nachbearbeitungsphase werden die endgültige Dauer der einzelnen Szenen festgelegt und damit die Schwerpunkte der Handlung gesetzt. Denn erst in dieser Phase entscheidet sich endgültig, wie lang die einzelnen Einstellungen im fertigen Film sein werden und ob man zum Beispiel während des ersten Gesprächs zwischen Guglielmo und dem Abt den entsetzten Adso sieht oder lieber den nachdenklichen Guglielmo. Denn ein Film wird nie so gedreht, wie er später im Kino zu sehen ist, sondern jede Szene wird immer in mehreren Einstellungen und aus mehreren Perspektiven gedreht. Viele *Schnitte*, also die Aneinanderreihung mehrerer kurzer Einstellungen oder Bilder lassen die dargestellte Zeit kürzer erscheinen, lange Einstellungen hingegen ohne häufige Schnitte erzeugen ein Gefühl von längerer Dauer. Bei *Il nome della rosa* fällt vor allem auf, daß bei Szenen in den Außenräumen die Zahl der Einstellungen jeweils geringer ist als bei den in den Innenräumen der Abtei stattfindenden Ereignissen. Insgesamt hat *Il nome della rosa* mehr als 1700 verschiedene Einstellungen, der Durchschnitt eines 90 Minuten langen Filmes liegt bei 1000 bis 3000 Einstellungen.

2. 9. Ratten und Mäuse in Roman und Film

In die Filmversion von *Il nome della rosa* wurde ein Element aufgenommen, das im Roman von Umberto Eco nicht in dieser intensivierten Form zu finden ist: Mäuse. Ratten und Mäuse galten im Volksglauben oft als Inbegriff des Bösen und als Personifikation von Hexen und Dämonen.[167]

Genau vier Mal kommt eine Maus in *Il nome della rosa* vor und fast jedes Mal bringt sie demjenigen, der sie sieht Unglück und ist dessen Vorbote des Todes. Zusätzlich sah man in Mäusen im Mittelalter oft auch die Seelen Verstorbener.[168] Daher erscheinen sie in *Il nome della rosa* auch immer kurz bevor der Tod eines Mönches entdeckt wird.

Interessant ist deshalb, daß in der italienischen Version wie im Roman von Mäusen gesprochen wird, „Ai topi piacciono le pergamene più che agli studiosi.

---

[167] Vgl. Marianne Oesterreicher-Mollow, *Herder-Lexikon der Symbole* (Freiburg i. B., 1978), S. 130.

[168] Vgl. Oesterreicher-Mollow, S. 108.

Seguiamolo." (Szene 47), in der englischen Version aber die Variante Ratten verwendet wird.

In Szene 13 (*Im Scriptorium*) muß nun zum Beispiel Venanzio über einen lateinischen Text lachen, den er Jorge vorgelesen hat, und erschrickt gleich darauf vor einer Maus. Die Maus steht hier für die Weltanschauung Jorges, für den das Lachen etwas Sündhaftes und Dämonisches ist. Er ist der Meinung, daß derjenige, der über etwas lacht, an das, worüber er lacht, nicht glaubt: „Chi ride non crede in ciò di cui si ride [...]." (*Il nome della rosa*, S. 138) Außerdem muß nach Jorges Meinung das Wissen bewahrt, jedoch nicht weiter erforscht werden.

Und genau darüber lacht nun Venanzio, der dem blinden Jorge folgenden Text vorliest:

Nella grande saggezza c'è dolore
e chi incrementa il proprio sapere
aumenta anche il proprio dolore

(Szene 13)

Kurze Zeit darauf stirbt Venanzio. Die Maus steht hier also für etwas Unmoralisches und ist das erste Mal ein Vorbote des Todes.

Ähnlich verhält es sich in Szene 24 (*Im Scriptorium-Ermittlungen*), als Berengario vor einer Maus erschrickt. Berengarios Vorliebe für Männer soll damit verdeutlicht werden, wenn er, als Vertreter des sogenannten „starken Geschlechts" vor einer Maus Angst hat. Auch hier kommt Jorge hinzu, als die anderen Mönche über Berengario lachen.

Das dritte Mal taucht eine Maus in Szene 31 (*Guglielmo und Salvatore*) auf. Salvatore erklärt Guglielmo, daß er Mäuse ißt und bietet Guglielmo eine an. Salvatore hat keine Angst vor dem angeblich Bösen, da er es scheinbar selber verkörpert. Dadurch soll Salvatores Andersartigkeit und sein vermeintlich dämonisches Wesen zum Ausdruck gebracht werden, das er in sich hat, so wie er die Mäuse „in sich aufnimmt". Aus diesem Grunde wird Salvatore auch von Inquisitor Bernardo Gui verhaftet, der ihm Hexerei und schwarze Magie mit dem Dämon in Gestalt des Bauernmädchens nachsagt.

Schließlich erschrickt auch Adso in Szene 47 (*Guglielmo und Adso im Labyrinth*) vor einer Maus. An dieser Stelle werden durch die Maus allerdings vor allem Guglielmos und Adsos Charaktere verdeutlicht.

Daher kommt sie in dieser Form bereits im Roman vor.

Lanciai un urlo, in quel luogo di morti, provando per un momento l'impressione che vi fosse qualcosa di vivo, uno squittio, e un rapido movimento nell'ombra. `Topi,' mi rassicurò Guglielmo. [...] Passano, come noi, perché l'ossario conduce all'Edificio, e quindi in cucina. E ai buoni libri della biblioteca.' [...]

(*Il nome della rosa*, S. 166)

Adso ist der Ängstliche, und Guglielmo der Beschützer und Detektiv, der die Maus nützt, um den Weg zur Bibliothek zu finden. Im Grunde genommen steht die Maus aber auch hier für das Dämonische und den Tod, der, wiederum in der Gestalt Jorges im Finis Africae lauert.

Venanzio, Adso und Berengario erschrecken jeweils vor den Mäusen, nur Guglielmo nicht, deshalb scheint er das Böse besiegen zu können, jedoch ist auch ihm die Vorstellung, eine Maus essen zu müssen unangenehm, ein Anzeichen dafür, daß auch er letztlich bei seinem wirklichen Ziel scheitern wird.

2. 10. Die Umsetzungsprobleme bei den postmodernen Merkmalen von *Il nome della rosa*

Das letztliche Scheitern Guglielmos ist ein typisches Zeichen eines postmodernen Kriminalromans. Der Detektiv, in diesem Fall Guglielmo, ist nicht mehr der absolute, unfehlbare Held, was in der Verfilmung nicht so deutlich zum Ausdruck kommt, da Filme naturgemäß meistens einer Auflösung am Ende zustreben. So auch die Verfilmung von *Il nome della rosa*, doch auch hier verbrennt die Bibliothek mit den für Guglielmo so wichtigen Büchern, und Guglielmo resigniert und ist am Ende seiner Weisheit angelangt. Daß aber Guglielmo und Adso am Schluß unversehrt wieder zusammenfinden, überspielt dieses Scheitern des Filmhelden.

Ein typisch postmodernes Merkmal von *Il nome della rosa* ist auch der bildliche Ausdruck des Roman-Textes. Die gesamte Textstruktur mit ihren Verzweigungen, aber auch die Ansichten und Charakterisierungen der Protagonisten Guglielmo, Adso und Jorge, spiegeln sich zum Beispiel in der Darstellung des Labyrinths wider.[169]

---

[169] Vgl. Mark Parker, „The name of the Rose as a Postmodern Novel", in: *Naming the rose. Essays on Eco's* The Name of the Rose, herausgegeben von M. Thomas Inge (Mississippi, 3. Aufl. 1988), S. 48–61.

Wenngleich auch im Film die Darstellung der einzelnen Charaktere und deren Weltanschauung weitgehend dem Roman entsprechen, so dient das Labyrinth im Film dennoch etwas mehr der Handlung selbst als der Unterstützung der Ansichten der Charaktere. Hier steht das Labyrinth dafür, dem Zuschauer verständlich zu machen, daß Adso Angst hat oder sich verirrt und auf die Hilfe Guglielmos angewiesen ist. Es läßt die Spannung steigen, indem es dazu beiträgt, daß die Verbrechen nicht sofort aufgeklärt werden können, macht aber auch das väterlich-freundschaftliche Verhältnis zwischen den beiden Protagonisten deutlich und unterstreicht die Darstellung der Intuition Adsos und des logischen Denkens von Guglielmo. Gerade Guglielmos Denkweise kann auch als ein typisches Merkmal der Postmoderne gesehen werden, da viele postmoderne Denker und Wissenschaftler der Meinung sind, daß man in Vielheiten denken und alle Möglichkeiten in Betracht ziehen sollte, was wiederum Wahrnehmungsfähigkeit, einen scharfen Verstand, aber auch die eigene Intuition erfordert.[170] Somit entsprechen die beiden Protagonisten jeder für sich und in ihrem Wechselspiel auch in der Filmversion von *Il nome della rosa* eigentlich dem postmodernen Kriterium.

Es sind aber vor allem die eingebaute metaphysische Ebene und die tiefsinnigen Hintergründe, die den Reiz des Romans ausmachen und durch die der entsprechend gebildete Leser auch in den Genuß von Ecos postmoderner Ironie, der Ironisierung der traditionellen Formen, gelangt.

Eine ironische Intertextualität, das „gioco ironico sopra la intertestualità",[171] mit dem Eco die klassische Struktur seiner Handlung und deren historischen Hintergrund als Klischee darstellt. Man denke nur an die Angabe fiktiver Quellen zu Beginn des Romans und auch der ungebildetste Leser wird gemerkt haben, daß *Il nome della ros*a nicht von dem alten Adso da Melk, sondern von Umberto Eco geschrieben worden ist.[172] Auf diese Art von Ironie muß der Film-Zuschauer weitgehend verzichten, da die vorhandenen intertextuellen Anspielungen nicht

---

[170] Vgl. Mike Sanbothe, „Was heißt hier Postmoderne? – Von diffuser zu präziser Postmoderne- Bestimmung", in: *Die Filmgespenster der Postmoderne*, herausgegeben von Andreas Rost und M. Sandbothe (Frankfurt am Main, 1998), S. 41-54.

[171] Umberto Eco, „L´innovazione nel seriale", in: U. E., Sugli specchi ed altri saggi (Milano, 1985), S. 125–146.

[172] Vgl. Frank Hofmann, `Postmodernes´ Erzählen? – Postmodernes Erzählen!. Untersuchungen zur Entwicklung `postmoderner´ Erzählformen und zu ihrer Rezeption in der deutschen Literatur, Schriften zu Literatur, Film und Philosophie 5 (Rüsselsheim, 1994), S. 64.

in dem Maße vorhanden sind, daß sie zur übertriebenen klischeehaften Darstellung reichen würden.

Der Roman *Il nome della rosa* lebt von seinen Anspielungen und Zitaten. Diese reichhaltigen intertextuellen Verweise sind ebenso ein Merkmal des postmodernen Romans wie die daraus resultierende doppelte Codierung des Textes, also die Möglichkeit den Roman auf verschiedenen (Verständnis-) Ebenen zu lesen. Somit würde also die Filmversion nicht als „typisch postmodern" gelten, da sie hauptsächlich auf die kriminalistische Handlung hin ausgelegt ist. Doch auch eine postmoderne doppelte Codierung des Romans *Il nome della rosa* kann trotz ihrer verschiedenen Interpretationsmöglichkeiten nicht absolut die Grenze zwischen 'hoher' Literatur und Trivialliteratur aufheben, da sicher viele der weniger gebildeten Leser während der langen deskriptiven Phasen auf den ersten 100 Seiten des Romans aufgeben, *Il nome della rosa* also doch nicht für *alle* Leser geeignet ist.[173] Eine Tatsache, die auch Jean-Jacques Annaud während seiner Verfilmung vor Augen hatte:

> *Ich glaube,* **Der Name der Rose** *ist ein sehr typisches Beispiel für diese Bücher, in deren ersten 50 bis 100 Seiten der durchschnittliche Leser stecken bleibt.*[174]

Eine Interpretationsmöglichkeit des Romans dient allerdings dazu, den deutlichsten Unterschied zwischen Roman und Film in bezug auf postmoderne Merkmale zu unterstreichen. Adso kehrt im Roman nach vielen Jahren noch einmal zur Abtei zurück und findet dort noch einige Seiten der verbrannten Bücher. Ein Zusammensetzen der einzelnen Seiten führt aber zu keinem Sinn, so wie man auch bei der Interpretation des Romans nicht nur einen einzig wahren Sinn manifestieren kann. Dieses Fehlen eines Sinnzentrums ist charakteristisch für postmoderne Diskurse. Der Film hingegen hat dieses *eine* Sinnzentrum, das sich auf die kriminalistische Suche nach dem Drahtzieher der Verbrechen fokussiert und die politischen, religiösen und philosophischen Hintergründe eben wirklich als Hintergründe behandelt.

---

[173] Vgl. Hofmann, S. 69.
[174] Baumann/Sahihi, S. 12.

III. Zusammenfassende Schlußbemerkungen: Annauds *Il nome della rosa* – eine gelungene Literaturverfilmung?

Ich weiß, Du kannst mich und mein Buch nur betrügen, aber Du wirst es wenigstens mit Leidenschaft tun.[175]

Das war die Meinung von Umberto Eco **vor** der Verfilmung seines Werkes *Il nome della rosa*. **Nach** der Verfilmung war Eco nicht mehr bereit, die zahlreichen Fragen zu beantworten, die ihm immer wieder gestellt wurden:

Und ich werde jeden, der mir auch nur noch eine einzige weitere Frage stellt, als ungezogen, respektlos, bösartig und vulgär betrachten.[176]

Für Umberto Eco ist der Grund dafür aber nicht, daß ihm der Film nicht gefallen habe, sondern seine Achtung vor Annaud, denn:

Ein Buch und ein Film sind verschiedene Werke von verschiedenen Autoren, und es ist gut, daß jedes sein Eigenleben hat.[177]

Mit den gewöhnlichen Fragen der Filmkritiker nach dem Aufbau und der inneren Logik des Films und besonders mit der Forderung nach Werktreue kann man viele Filme der Postmoderne, und damit auch *Il nome della rosa*, tatsächlich nur als oberflächlich oder „mißlungen" bezeichnen, da auch hier die typisch postmodernen Strukturen kaum in den Film zu übertragen waren. Man denke zum Beispiel nur an das letztliche Scheitern des Detektivs, an die mittelalterlich gestalteten Dialoge und Gedankenführungen oder an die doppelte Codierung des Romans, die u.a. durch die zahlreichen intertextuellen Anspielungen und die ironisierte Darstellung der politischen Hintergründe entstanden ist, aber auch an die komplizierten Verzweigungen der Text- und Erzählstruktur von *Il nome della rosa*.

Gerade dadurch, daß *Il nome della rosa* eine Ich-Erzählung ist, werden die Grenzen eines Vergleichs mit dem von Kritikern oft geforderten Anspruch nach Werktreue deutlich.

---

[175] Baumann/Sahihi, S.12.
[176] Eco, *Erklärung*, S. 27.
[177] Eco, *Erklärung*, S. 25.

Für einen Roman ist die Ich-Erzählung eine durchaus gängige Form, während sie beim Film zwar möglich, aber nicht besonders effektiv ist und daher auch selten verwendet wird.[178] Für die Bewertung der Literaturverfilmung von *Il nome della rosa* ist der Gesichtspunkt Werktreue also eigentlich ungeeignet, wenn man dabei von einer wörtlichen und detailgetreuen eins zu eins-Übertragung des Romans in den Film ausgeht und dem Film keine Eigenständigkeit durch Interpretation des Romans von Regisseur Jean-Jacques Annaud zugesteht.[179]

Der postmoderne Film aber hat sich geändert. Der Zuschauer und sein filmdramaturgisches Verständnis werden in den Film miteinbezogen, vom Zuschauer wird mehr Kompetenz erwartet[180] um, so Werner Kamp,

> *das Spiel mit Zeichen und Zitaten zu erkennen und damit den Film 'richtig' zu verstehen oder zu 'lesen'.* [181]

Trotzdem bleibt es nicht aus, daß einige Kritiker den Film *Il nome della rosa* als reinen Abklatsch des Romans sehen, der zwar unterhaltsam ist, als Literaturverfilmung aber 'schmerzhaft strauchelt'[182] und 'als Buch' „kläglich versagt". [183]

Die Verfilmung soll jedoch das Buch nicht ersetzen und daher kommt es darauf an, wovon man beim Vergleich ausgeht, denn umgekehrt könnte mancher genauso behaupten, daß das Buch als Film kläglich versagt habe. 'Keiner liest aber ein Buch als Film' könnte man hier entgegnen. Doch! Und zwar diejenigen, die 1986 den Film gesehen haben, ohne das Buch zu kennen (was sicherlich eine größere Anzahl war, als diejenigen, die zuerst das Buch kannten), und die im Anschluß daran das sogenannte „Buch zum Film" lesen wollten. Auch die waren unter Umständen enttäuscht und beurteilten das Buch als schlecht oder haben es vielleicht gar nicht zu Ende gelesen (was im übrigen einem Kinofilm sehr selten passiert, daß jemand während des Films den Saal verläßt). Diese Rezipienten beurteilen den Roman meistens dann als schlecht, wenn sie mit den „falschen"

---

[178]   Vgl. Kamp, *Autorenkonzepte*, S. 85.

[179]   Vgl., Strautz, S. 77.

[180]   Vgl. Kamp, *Autorenkonzepte*, S. 58f.

[181]   Kamp, *Autorenkonzepte*, S. 58f.

[182]   Vgl. S. C. M., „The name of the rose", in: John C. Tibbetts und James M. Welsh, *The Encyclopedia of Novels into Film* (New York, 1988), S.294–295.

[183]   Vgl. Gino Moliterno, „Novel into Film: The Name of the Rose", in: *Fields of Vision. Essays in Film Studies, visual Anthropology, and Photography*, herausgegeben von Leslie Devereaux und Roger Hillman (Berkeley, 1995), S. 196–214.

Erwartungen an das Medium Buch herangegangen sind, nämlich mit den Erwartungen für einen Film. Nur war das Buch eben „leider" schon zuerst da.

Für Umberto Eco selbst ist die Verfilmung nun e i n e Version, sein Buch zu interpretieren, [184] jedoch ist der Film bei genauerem Hinsehen nicht nur eine der vielen Interpretationsmöglichkeiten. Er greift sich nur zielgruppenbedingt eine heraus, auf die er sich verstärkt richtet, den Aspekt des Kriminalromans, und läßt anderes, im Rahmen der durch die veränderte Zielgruppe und das gegebene Zeitlimit bleibenden Möglichkeiten, darin miteinfließen.

Trotz der Fokussierung auf die kriminalistische Handlung und auf die Aufklärung der Verbrechen, findet der romankundige Zuschauer dennoch viele Aspekte, wenn auch in teilweise verkürzter Form, im Film wieder: so zum Beispiel die Ketzerverfolgung und die Folter, die Schwarze Magie, die Darstellung der Inquisition und die Gewissensbisse und die Funktion Adsos in der Handlung; die Debatte zwischen den päpstlichen Gesandten und den Franziskanern als politischen Hintergrund; die Einteilung in Prolog, Haupthandlung und Epilog sowie u.a. die Aspekte der Apokalypse und die Poetik des Aristoteles.

Ferner wurden fast alle Figuren des Romans in den Film integriert, der in einem ähnlichen räumlichen Ambiente wie der Roman angesiedelt ist. Die Zeit- und Ortsdarstellung des Films (die Abtei im norditalienischen Gebirge gegen Ende November und die Ansiedelung der Handlung im Hochmittelalter) stimmen ebenfalls weitgehend mit dem Roman überein.

Außerdem fällt beim Film auf, daß Jean-Jacques Annaud großen Wert auf eine authentische Darstellung des Mittelalters gelegt hat, was sich vor allem in den Requisiten, der Kleidung der Mönche und der Raumdarstellung zeigt.

Die Verfilmung von *Il nome della rosa* ist also meiner Meinung nach nicht ein `mißlungener Abklatsch´ des Romans, wie einige Kritiker immer wieder gern behaupten, sondern sie verändert ihn nur nach ihren Bedürfnissen.

So verändert sie zum Beispiel die Funktion des Labyrinths, das im Film eher der Spannungssteigerung und der Verzögerung der Aufklärung dient als die verschiedenen Weltanschauungen der Protagonisten zu unterstreichen oder die Folter Salvatores, die im Film ebenfalls hauptsächlich der Verbrechensaufklärung dient. Durch diese Abwandlungen erscheint die Verfilmung von *Il nome*

---

[184] Vgl. Eco, *Erklärung*, S. 27.

della rosa manchem vielleicht banal. Doch Regisseur Annaud geht damit auf die Andersartigkeit des Mediums Film und seiner Zielgruppe ein. Somit konnte er der Romanvorlage gerecht werden, da er viele Aspekte in den Film mit einfließen ließ, indem er sie aus anderen Motiven oder in einer anderen Form übernommen und der Filmhandlung zu deren filmspezifischen Zwecken dienlich gemacht hat. Sie unterstützen somit zwar hauptsächlich den Schwerpunkt der linearen Filmhandlung, wurden aber nicht gänzlich außer acht gelassen, wenn sie nicht zur Verwirrung der Zuschauer beitrugen. Erkennt man also, warum manche Aspekte des Romans im Film nur angeschnitten werden oder gar in anderer Weise auftauchen, und sieht man den Film als eigenständiges Werk mit all seinen filmspezifischen Restriktionen und Möglichkeiten, wird man feststellen, daß es Jean-Jacques Annaud trotz aller Schwierigkeiten und Probleme vor und während der Dreharbeiten gut gelungen ist, *Il nome della rosa* filmisch umzusetzen. Aber eine Sache werden sowohl Kritiker als auch Befürworter nach der Verfilmung von Umberto Ecos Weltbestseller wohl nicht mehr vergessen, nämlich daß in der französischen Filmbranche das geflügelte Wort gilt:

„Schlechte Bücher geben die einfacheren Filme ab."[185]

---

[185] Baumann/Sahihi, S. 42.

Szenenplan The name of the rose [186]

(fett gedruckt: zusätzliche Szene der italienischen Version; kursiv: in der italienischen Version weggelassen)

Legende:

A = Außenraum

I = Innenraum

Aus OFF nach 9 Sekunden *Schwarzblende* → Alter Adso – als Einführung

(zur Zeit-/Ortsbestimmung): 38 Sekunden, entspricht *Prolog* des Buches

(in leicht abgewandelter und verkürzter Form).

nach 46 Sek.: Beginn Vorspann (Schrifteinblendung: „A Bernd Eichinger production" –

„A Palimpsest from Umberto Ecos novel „Il nome della rosa")

nach 59 Sekunden: Titel „The name of the rose"

nach 1.05 Minuten: *Aufblende* → Bild:

Szene	Ein-stellungen	Zeit	Ort	Personen	Bezeichnung- Handlung
1	1		A		Landschaft
1	2		A		Landschaft Reiter klein
1	3		A		Landschaft Reiter kommen näher
1	4		A		Landschaft Reiter reiten weg
1	5, 6, 7		A	Guglielmo, Adso	Großaufnahme Guglielmo und Adso, Blick Richtung Abtei
1	8		A	Guglielmo, Adso	Landschaft, Reiter reiten weg, Abtei im Hintergrund

---

[186] Erstellt von der Verfasserin dieser Arbeit, nach der englischen Videoversion *The name of the rose.*

1	9, 10, 11		A		Landschaft am Fuße der Abtei, Guglielmo und Adso reiten hin.
1	12, 13		A		Ganzaufnahme Landschaft und Abtei
1	14	- 1.35 min	A	Guglielmo, Adso	Sicht von oben aus Abtei sieht man Adso und Guglielmo kommen
2	15		A		Tor, Tor öffnet sich,
2	16		A	Mönche (Benediktiner), Guglielmo, Adso	Adso und Guglielmo treten ein, Blick auf Innenhof
2	17, 18, 19, 20		A	Mönche, Guglielmo, Adso	Innenhof: Begrüßung Adsos und Guglielmos; Adsos und Guglielmos Hände werden gewaschen
2	21		A	Guglielmo	Großaufnahme Guglielmo
2	22		A	Guglielmo	Nahaufnahme Hände
2	23, 24		A	Adso	Hände Adsos, die gewaschen werden
2	25		A	Adso	Großaufnahme Adso
OFF					Alter Adso: Emotionen
2	26, 27		A		Tor, Tor wird geschlossen
2	28–31		A	Adso	Großaufnahme Adso und sein Blick zu Tor, das verschlossen wird
2	32			Adso	Großaufnahme Adso
2	33	- 52 Sek.	A	Guglielmo	Großaufnahme Guglielmo
3	34		A	Guglielmo, Adso, Mönche	Innenhof, Adso und Guglielmo gehen hinaus

3	35		A	Salvatore, Remigio, Severino	Salvatore, Remigio und Severino sind zu sehen
3	36		A	Guglielmo, Adso, Mönche	Wieder Adso und Guglielmo im Innenhof
	37, 38		A		Dazwischen Ansichten, Groß-aufnahme von Abtei
3	39	- 19 Sek.	A	Mönche	Innenhof und Mönche
4	40		A	Abt, Malachia	Ansicht von oben aus Blickwin-kel von Malachia und Abt
4	41–47	(- 42 Sek.)	I	Abt, Malachia, Jorge	Großaufnahme Abt und Malachia im Wechsel → Gespräch: Ein-führung der Inquisition
4	48, 49		I	Abt, Jorge	Abt geht zu Jorge
4	50	- 54 Sek.	I	Jorge	=> Großaufnahme Jorge spricht
5	51–54	38 Sek.	I	Guglielmo, Adso	In ihrer Kammer
5	55–63		I	Guglielmo, Adso	Adso muß auf Toilette: 1. Ein-druck von Guglielmos Können = im Buch Brunello
5	64		I	Guglielmo, Adso	Adso hinaus, man sieht ihn von vor dem Zimmer in Türrahmen – dann Überblendung (Adso macht Tür gleichzeitig zu wie Gugliel-mo Fenster auf)
5	65–	- 1 min.	A	Guglielmo	Man sieht von außen Guglielmo aus dem Fenster schauen
6	- 67		A/I	Guglielmo	Man sieht abwechselnd vom Blickwinkel Guglielmos hinaus auf Grab mit Raben, dann wieder von außen Guglielmo am Fenster
6	68, 69		A/I	Guglielmo	Guglielmo schließt Fenster Man sieht nocheinmal das Grab

6	70–72	- 28 Sek.	I	Guglielmo – Abt	Guglielmo packt aus und hört Abt kommen, verdeckt seine Sachen – Abt kommt rein
6	73–103		I	Guglielmo, Abt	Gespräch Guglielmo und Abt: man erfährt was über Guglielmo und Ubertino und was bisher passiert ist.
6	104–124	– 4 min	I	Guglielmo, Abt – Adso	Adso kommt wieder rein: Einführung Adsos, übernatürliche Macht wird angesprochen – Hl. Inquisition wird angesprochen
7	125–132	24 Sek.	I	Schweineschlächter, Adso	Schweineschläch-tung, Blick nach außen auf beobachtenden Adso
8	133–166	3.53 min	I	Guglielmo, Adso – Ubertino	Kirche: Adso und Guglielmo treffen Ubertino, dieser spricht Debatte an.
9	167, 168		A	Guglielmo, Adso	Adso und Guglielmo gehen über Abteigelände, Gespräch über Bisheriges
9	169		A	Volk, Mönche	Verteilung von Speisen
9	170–212 + 214, 215–219		A	Guglielmo, Adso, Mädchen, Volk	Adso und Guglielmo auf Weg, Abtei und Armes Volk, Guglielmo erkennt, daß Adelmo Selbstmord begangen hat
9	213 + 216	- 2.53 min.	A	Malachia	Malachia beobachtet sie
10	220–231	Ab 2.50 aus OFF -60 Sek.	I	Guglielmo, Adso, Abt, Jorge, Mönche	Mönche bei Vesper im Refektorium

	232	5 Sek.	A	Schnittbild	Außenansicht Abtei: Sonnenuntergang (Zeit!)
11	233–249	- 31 Sek.	I	Mönch, Berengario, Jorge, Venanzio	Refektorium, Mönch liest lat. Text vor, Berengario 1.x zu sehen und Venanzio als Jorge klopft
	250, 251	9 Sek.	A		Außenansicht des Innenhofs/Abtei: Nacht
12	252–256	38 Sek.	I	Guglielmo, Adso	Adso und Guglielmo in Kammer
13	257–		I	Jorge, Venanzio	Venanzio liest Jorge lat. Schrift vor und lacht darüber, erschrickt dann vor Ratte
			I		Kurzansicht des Scriptoriums
13	- 264	- 35 Sek.	I	Venanzio	1.x Ratte zu sehen, dann wieder Venanzio
14	265	7 Sek.	I	Berengario	Berengario, der sich peitscht, um sich von Schuld zu befreien
15	266	25 Sek.	I	Guglielmo, Adso	Adso und Guglielmo, Adso hat unruhigen Schlaf, Guglielmo macht gerade Kerze an und beruhigt ihn
	267	4 Sek.	A		Außenansicht Abtei, noch Nacht, aber es tagt bald (Zeit)
16	268–269	15 Sek.	A	Remigio, Salvatore	Remigio und Salvatore sind zu sehen
	270	6 Sek.	A		Außenansicht Abtei, noch Nacht, es tagt (Zeit)
17	271	3 Sek.	I	Glöckner	Glöckner
	272	7 Sek.	A		Außenansicht, Berge, es wird ganz hell (Zeit)
18	273–276	15 Sek.	I	Guglielmo, Adso, Mönche	Mönche beim Morgengesang

	277	9 Sek.	A		Landschaft, Berge
18	278	5 Sek.	A		Abtei/Innenhof
18	279–302	40 Sek.	I	Guglielmo, Adso, Mönche; Venanzio	wieder Mönche, Nachricht von 2. Toten (Venanzio)
19	303–357	- 2 Min.	A	Guglielmo, Adso, Abt, Berengario, Malachia, Ubertino, Mönche; Venanzio	Alle rennen zu 2. Toten (Berengario, Abt, Adso und Guglielmo, Malachia sind groß zu sehen)
19	358	9 Sek.	A/I		Abtei im Nebel
20	359–	55 Sek. +	I	Guglielmo, Adso, Severino	Obduktion der Leiche, im Laboratorium, Adso wird übel und er geht hinaus
21		7 Sek.	A	Adso	Adso draußen
20	- 372	+ 28 Sek.	I	Guglielmo, Severino	Wieder in Laboratorium
	373	3 Sek.	A		Ansicht Abtei
22	374–400	2. 15 Min.	I	Adso – Salvatore – Guglielmo	Adso betrachtet Portal und Salvatore erschreckt ihn, Guglielmo kommt Adso zu Hilfe
23	401–416	2. 25 Min.	A	Guglielmo, Adso	Adso und Guglielmo gehen hinaus, Guglielmo stellt Nachforschungen an.
24	417–502	3. 56 Min.	I	Guglielmo, Adso, Malachia, Berengario, Mönche – Jorge	Scriptorium, Guglielmos Brille wird eingeführt, Jorge kommt schreiend hinzu –„gegen Lachen"
24	503, 504	1.07 Min.	A	Guglielmo, Adso	Adso und Guglielmo, Gespräch über Geschehnisse, Fragen werden gestellt (Effekt: Verständnis für Zuschauer)

	505–508	1 Sek.	A		Abteiansicht
25	509–		A	Guglielmo, Adso – Salvatore	Ketzer Salvatore wirft Gegenstand auf Guglielmo
25	- 546	- 55 Sek.	I	Adso, Salvatore – Guglielmo – Remigio	Adso stellt Salvatore, Guglielmo verlangt als Entschädigung Information von Remigio
26	547–550	5 Sek.	A	Guglielmo, Adso, Remigio	Außenansicht/ Nacht – Guglielmo und Adso mit Remigio auf Weg zum Eingang des Scriptoriums
7					Alter Adso
26	551–	- 25 Sek.	A	Guglielmo, Adso, Remigio	Nächtliches Eintreten in das Scriptorium
27	- 556	28 Sek.	A	Mädchen	Außenansicht: sehr dunkel! Mädchen steigt in Küche ein.
28	557 –		I	Guglielmo, Adso – Berengario	Berengario ist im Scriptorium, flieht als Adso und Guglielmo kommen, diese finden Zettel => Zeichen: Geheimsprache: Sonne, Merkur, Skorpion Guglielmo macht es durch Kerzenlicht lesbar, = mit Zitronensaft geschrieben, Berengario erschreckt sie und nimmt griech. Buch und Guglielmos Brille mit, Adso und Guglielmo verfolgen ihn,
28	- 649	- 4.30 Min.	A	Guglielmo, Adso – Berengario	Adso und Guglielmo rennen hinaus und verfolgen Berengario
29	650–	2.41 Min + 52 Sek. = 3.33Min.	I	Adso – Remigio – Mädchen	Adsos 2. Treffen mit Mädchen in Küche → erot. Abenteuer Adsos
OFF					Alter Adso: Emotionen

30	- 670	- 32 Sek.	I	Berengario	– man sieht Berengario das Buch und die Brille verstecken dazwischen kurz:
31	671	7 Sek.	A	Guglielmo	Guglielmo draußen
31	672–	34 Sek. + 15 Sek. = 49 Sek.	A	Guglielmo, Salvatore	Gespräch Guglielmo mit Salvatore
32	- 682	9 Sek.	A	Mädchen	Mädchen steigt wieder hinaus
29	683–704	35 Sek.	I	Adso	Adso zieht sich wieder an und findet Herz eines Ochsen und glaubt es ist ein weiteres Opfer => rennt hinaus
33	705–711	25 Sek.	I	Guglielmo, Adso	wieder in Küche, Guglielmo klärt Adso über Herz auf, (Überlegungen Guglielmos)
34	712	2.45 Sek.	I	Guglielmo, Adso	Adso und Guglielmo in ihrer Kammer, Guglielmo erklärt, daß Adso und Mädchen in 2 verschiedenen Welten leben
35	713–	14 Sek.	A		Bergige Landschaft, menschenleer, weitläufig,
35	- 715	15 Sek.	A	Franziskamer: Michael da Cesena, usw.	Bergige Landschaft, Franziskaner kommen hinzu
36	716–722	20 Sek.	I	Guglielmo, Adso	in Berengarios Zelle, finden Peitsche

114

37	723–729	1.06 Min.	I	Guglielmo, Adso – Malachia	In Scriptorium, Suche nach Berengario, Malachia kommt hinzu (einsilbig, da er gerade aus der Bibl. kommt, wo Adso und Guglielmo beinahe hineingegangen wären, => Zuschauer hat Gefühl, er verbirgt etwas): erst jetzt Erklärung, daß nur 2 in Bibl. dürfen!
38	730–733	28 Sek.	I	Mönche	In Kirche
39	734–742	44 Sek.	A	Mönche, Volk, Salvatore, Cuthbert da Winchester – Abt usw.	Alle im Innenhof, Cuthbert da Winchester = Einführung
40	743	42 Sek.	I	Franziskaner mit Guglielmo und Adso – Severino	Besprechung der Franziskaner, Severino kommt angelaufen – hat Berengario im Wasser gefunden
41	744–769		I	Guglielmo, Adso, Severino	Gehen zu 3. Toten
41	770–781	- 1.18 Min.	I	Guglielmo, Adso, Severino; Berengario – Abt, Jorge	3. Toter, Guglielmo findet seine Brille daneben, griech. Buch bleibt verschollen – - Abt und Jorge kommen dazu
42	782–	34 Sek.	I	Guglielmo, Adso, Severino	In Laboratorium, neue Arzneikunde, finden Tintenfleck – Ironie Guglielmos wird nicht verstanden
43			I	Guglielmo, Adso, Abt	Zettel mit Zitronenschrift wird Abt sichtbar gemacht

43	- 843	- 4.42 Min.	I	Guglielmo, Adso, Abt (Adelmo, Venanzio, Berengario, Salvatore) – Malachia, Jorge	Erklärender Rückblick Guglielmos auf Berengarios, Adelmos, und Venanzios Tod doch Jorge und Malachia stören, Abt verbrennt Papier, Ankündigung der päpstl. Delegation und Bernardo Guis
44	844	18 Sek.	A	Guglielmo, Adso – Franziskaner	Adso fragt (für Zusch.) wer Gui ist, doch noch keine Antwort=> Spannung steigt, man erkennt, daß Gui wichtige Rolle spielte und spielt
45	845	44 Sek.	I	Guglielmo,Adso, Franziskaner	Franziskaner: alle Angst vor Gui und um Guglielmo, man erfährt, daß Guglielmo und Gui schon früher Probleme hatten
			A	Adso, Volk	Ansichten, Adso sucht Mädchen, sieht sie und armes Bauernvolk und wird verspottet
OFF					Alter Adso: über sein nächtliches Abenteuer
46	846–865	48 Sek.	I	Guglielmo, Adso, Mönche, Malachia	Mönche/Gesang-man sieht Malachia zu spät kommen
			A	Adso, Guglielmo, Ubertino; Mönche	-Flucht Ubertinos-Abend; Monolog Ubertinos, Ubertino ab – Tor geht zu
	866	2 Sek.	A		Nächtl. Ansicht der Abtei
47	867–902	-	I	Guglielmo, Adso	Guglielmo und Adso huschen zu Geheimeingang und finden Eingang in Bibliothek
47	903	-	I	Guglielmo, Adso	Im Geheimgang
	904	2 Sek.	A		Dazwischen kurz Außenansicht Abtei

47	905–988	-	I	Guglielmo, Adso	verlieren sich, Adso legt Faden um zurückzufinden
	989	6 Sek.	A		Kurz Außenansicht
47	990–1003	-	I	Guglielmo, Adso	im Labyrinth
48	1004–1009	49 Sek.	A	Abt, Mönche, Gui usw.	Ankunft Guis
47	1010–	- 11.23 Min.	I	Guglielmo, Adso	Im Labyrinth: Zähneklappern Adsos, angeblich nicht aus Angst, sondern wegen Kälte, Guglielmo fällt nicht ein, wie sie weiter kommen deshalb gehen sie nach Adsos Faden hinaus
47	- 1019		A	Guglielmo, Adso – Guis Guis Leute	Guglielmo und Adso kommen heraus, sehen Guis Wagen
48	1020–		A	Salvatore, Mädchen, Guis Leute	Schwarze Messe Salvatore und Mädchen – Festnahme (→ Feuer)
49	- 1085	- 3.25 Min.	I	Guglielmo, Adso, Gui, Mönche	Erklärung Guis
50	1086–1093	2.16 Min.	I	Guglielmo, Adso	In Kammer, man erfährt von Guglielmos Vergangenheit mit Gui, Adso fragte danach „als Freund", so wie Guglielmo vorher ihn
51	1094–1125	1.15 Min	I	Gui, Salvatore usw.	Guis Verhör mit Salvatore
	1126	10 Sek.	A		Kurzansicht Abtei
52	1127	5 Sek.	I	Adso	Adso in Kammer zu sehen
OFF					Alter Adso: Emotion, dann Tagesanbruch
53	1128–1136	- 30 Sek.	A	Päpstliche Gesandte	Gesandte des Papstes kommen

	1137	15 Sek.	A		Abtei
54	1138–1148	44 Sek+	I	Guglielmo, Adso Franziskaner, päpstliche Gesandte	Debatte
54	1149	4 Sek.	A	Severino	Severino kommt angerannt
54	1150–	+ 14 Sek.	I	Guglielmo, Adso Franziskaner, päpstliche Gesandte	Wieder bei Debatte
54	davon ca. 10	33 Sek.	A/I	Severino	Severino will zu Guglielmo
54	- 1179	3 Sek.	A	Severino, Malachia	Man sieht Severinos Gestalt im Nebel
		+ 6 Sek.	I	Guglielmo, Adso Franziskaner, päpstliche Gesandte	Wieder bei Debatte
		21 Sek.	A	Severino	Severino auf Rückweg
55	1178–1200	1.14 Min.	I	Severino, (Jorge)	Severino in seinem Reich, man sieht an Unordnung, daß es durchwühlt wurde, man sieht wie Severino erschlagen wird und hört Jorge (lat.)
56	1225–	40 Sek.	I	Malachia, Remigio	Malachia warnt Remigio
56		15 Sek.	A	Remigio, dazwischen: Malachia	Remigio will fliehen
	- 1259	5 Sek.	A		Ansicht Abtei/Nebel
54	1260 –	+ 38 Sek.	I	Guglielmo, Adso Franziskaner, päpstliche Gesandte – Gui	Wieder Gesandte, Streit, Guglielmo will unauffällig gehen, Gui kommt dazwischen
57		2 Sek.+	I	Remigio usw.	Gefangene werden hereingeführt

118

57		22 Sek.+	A	Gui, Remigio, Guglielmo, Adso, Mönche usw.	Gui kommt
57	- 1264	13 Sek. = 37 Sek.	I	Guglielmo, Adso, Gui, Mönche usw.	Bei Totem
58	1265– 1336	40 Sek.	I	Guglielmo, Adso	In Kammer
59	1337– 1340	3.25 Sek.	I	Guglielmo, Adso, Gui, päpstl. Gesandte, Franziskaner, Benediktiner- Mönche, Remigio, Salvatore, Mädchen usw.	Verhör beginnt
60	1341– 1344	50 Sek.	I	Adso	Kirche: Adso betet zu Marienstatue
59	1345– 1419		I	Guglielmo, Adso, Gui, päpstl. Gesandte, Franziskaner, Benediktiner- Mönche, Remigio, Salvatore, Mädchen usw.	Verhör, Guglielmo spricht schließlich
59	1420– 1435	- 4.07 Min.	A	Adso, päpstl. Gesandte, Franziskaner, Benediktiner- Mönche, usw.	Gesandte gehen
61	1436–	45 Sek.	A	päpstl. Gesandte, Gui, Henker, Remigio, Salvatore, Mädchen usw.	Gesandte reisen ab, Vorbereitung für Verbrennung der Gefangenen
62	- 1471	1.14 Min.	I	Guglielmo, Adso, Jorge, Soldat, Mönche, Malachia	Jorge spricht in Versammlung – Tod Malachias

63	1472 –	9 Sek.	I	Guglielmo, Adso	Guglielmo und Adso nützen Durcheinander, um ins Labyrinth zu gelangen
62		13 Sek.	I	Jorge, Jorges Novize	Jorges Novize klärt den blinden Greis über Tod Malachias auf
62		19 Sek.	I	Mönche, Malachia, Gui usw.	Gui und Malachia
63		27 Sek.	I	Guglielmo, Adso	Im Labyrinth
		11 Sek.	A		Kurze Außenansicht und Sonnenuntergang (2 Bilder)
63			I	Guglielmo, Adso	Im Labyrinth
64		38 Sek.	A	Gui, Henker, Remigio, Salvatore, Mädchen usw.	Gui, Außenansicht Fakeln für Verbrennung der Gefangenen – Ansicht der Abtei: dunkle Mauern
63		2.04 Min.	I	Guglielmo, Adso – Jorge	In Finis Africae: Jorge ist schon dort
64		25 Sek.	A	Gui, Henker, Remigio, Salvatore, Mädchen usw.	Gui und Mönche Verbrennungszeremonie
63		60 Sek.	I	Guglielmo, Adso	In Finis Africae
64		18 Sek.	A	Gui, Henker, Remigio, Salvatore, Mädchen usw.	Verbrennung durch Gui
63		11 Sek.	I	Guglielmo, Adso, Jorge	Im Labyrinth
64	– 1574	1.05 Min.	A	Gui, Henker, Remigio, Salvatore, Mädchen usw.	Verbrennungs-zeremonie

63		1.09 Min.	I	Guglielmo, Adso, Jorge	Jorge mit Buch ab
64		50 Sek.	A	Gui, Henker, Remigio, Salvatore, Mädchen usw.	Verbrennungs-beginn: Feuer
63		41 Sek.	I	Guglielmo, Adso, Jorge	Jorge verbrennt Buch und verbrennt selber
64		44 Sek.	A	Gui, Henker, Remigio, Salvatore, Mädchen usw.	Draußen sehen sie Feuer in Abtei (= Verbindung der A und I – Handlungen)
63		32 Sek.	I	Guglielmo, Adso	Guglielmo sagt Adso, daß er fliehen soll, Adso flieht
64		44 Sek.	A	Gui, Franziskaner, Guis Leute usw.	Abtei brennt, Gui und seine Leute rennen los
63	- 1655	31 Sek.	I	Guglielmo	Guglielmo will Buch finden und retten: 1. Mal Verzweiflung und Resignation
65	1656–		A	Adso	Adso hinaus, Abtei brennt, Scheiterhaufen, Gui und seine Leute fliehen, Adso will es verhindern, doch er wird von Gui weggestoßen, Tor geht nach Gui und genau vor Adso zu
66	– 1710	–1.14 Min.	A	Gui, Guis Leute, Franziskaner	Guis Wagen stürzt, Tod Guis durch aufgebrachtes Bauernvolk
67	1711–		A	Adso	Adso alleine
			A		Feueransicht

67	– 1723	53 Sek.	A	Adso, Guglielmo	Adso → Guglielmo kommt völlig erschöpft und voller Ruß heraus, Adso wirft sich in seine Arme – Überblendung
68	1724–1733	48 Sek.	A	Guglielmo, Adso; Mönche, Volk	Tag – Ruinen, alle wollen weg – Adso und Guglielmo reiten auf Eseln weg – letzter Blick auf Ruinen
69	1734–	1.59 Min.	A	Guglielmo, Adso – Mädchen	Guglielmo und Adso auf Weg – im Wald, Mädchen kommt nochmal, Guglielmo reitet weiter/ Adso zögert, dann reitet er Guglielmo nach (2 versch. Welten) Adso verschwindet im Nebel
70	– 1763		A	Guglielmo, Adso	In weiter Landschaft
OFF		– 1.02 Min.	A		Alter Adso: über Guglielmo und Mädchen → wußte nie Namen => Erzählsituation wird nochmal deutlich
„...her name" → Schwarz-blende					Einblendung: lat. Schlußsatz

Filmanalyse The name of the rose[187]

(fett gedruckt: zusätzliche Szene der italienischen Version; kursiv: in der italienischen Version weggelassen)

Legende:

AM = Amerikanische Einstellung

DA = Detailaufnahme

GA = Großaufnahme

HN = Halbnahe

HN 2er, 3er usw. = Halbnahe Aufnahme von zwei (oder mehr) Personen

HT = Halbtotale

NA = Nahaufnahme

T = Totale, Totalansicht

WA = Weitaufnahme

Schwarzblende

Vorspann

Aufblende → Bild:

Szene	Bezeichnung-Handlung	Kamera-perspektive	Kameraführung	Ton-*Sonstiges*
1	Landschaft	T – WA SCHNITT	Panorama-Schwenk, Zoom zurück, Normal-sicht	Etwas Schnee am Boden, frostig
1	Landschaft Reiter klein	WA SCHNITT	Normal-sicht	
1	Landschaft Reiter kommen näher	AM SCHNITT	Untersicht	Pferdegetrappel, Musik

---

[187] Erstellt von der Verfasserin dieser Arbeit, nach der englischen Videoversion *The name of the rose.*

1	Landschaft Reiter reiten weg	HT SCHNITT	Normal-sicht	Pferdegetrappel, Musik
1	Großaufnahme Guglielmo und Adso	NA SCHNITT	Nach links	
1	Landschaft, Reiter reiten weg, Abtei im Hintergrund	HT		Pferdegetrappel, Musik, wird bedrohlicher, da sie sich Abtei nähern
1	Landschaft am Fuße der Abtei	HN	Parallelfahrt – Unterrsicht	
1	Abtei Ganzaufnahme	HN	Schwenk links	Hundegebell, Stimmengewirr
1	Sicht von oben aus Abtei sieht man Adso und Guglielmo kommen	HT	Aufsicht	
2	Tor, Tor öffnet sich	DA – HA		Nebel
2	Adso und Guglielmo treten ein, Blick auf Innenhof	AM		Leichte Windgeräusche
2	Guglielmo und Adso werden begrüßt Innenhof: Adso und Guglielmo werden gewaschen	HT	Untersicht	
2	Großaufnahme Guglielmo	GA		

124

2	Nahaufnahme Hände	NA		
2	Hände Adsos, die gewaschen werden	NA	Tilt nach unten	
2	Großauf-nahme Adso	GA		
OFF	Alter Adso: Emotionen			
2	Tor, Tor wird geschlossen	HT		
2	Großaufnahme Adso und sein Blick zu Tor, das verschlossen wird	GA – DA	Tilt nach oben	
2	Großauf-nahme Guglielmo	GA		
2	Innenhof, Adso und Guglielmo gehen hinaus	HT		
3	Severino	HN	Nach rechts	
3	Wieder Adso und Guglielmo im Innenhof	HT	Parallelfahrt	
3	Dazwischen Ansichten, Großauf-nahme von Abtei	HN		
	Innenhof: Mönche	AM – GA		
3	Ansicht von oben aus Blickwinkel Malachias und Abt	HT	→ rechts, Übersicht	

4	Großaufnahme Abt und Malachia→ Gespräch: Einführung der Inquisition	GA – SCHNITT – GA Over-shoulder/ AM – DA		
4	Abt geht zu Jorge	AM		
4	=> Großaufnahme Jorge spricht	GA		
4	Adso und Guglielmo in ihrer Kammer	DA – AM – HN	Bauchsicht	
5	Adso geht auf die Toilette: 1. Eindruck von Guglielmos Kön- nen = im Buch Brunello	GA – AM – NA;		
5	Adso hinaus, man sieht ihn von vor dem Zimmer in Türrahmen	Over-shoulder; GA – NA Über- blendung		
5	Man sieht von au- ßen Guglielmo aus Fenster schauen (Adso macht Tür gleichzeitig zu wie Guglielmo Fenster auf)	NA		
5	Man sieht abwech- selnd von Blick- winkel Guglielmos hinaus auf Grab mit Raben, dann wieder Guglielmo am Fenster	HT – GA		Rabenkrächzen

6	Guglielmo schließt Fenster Man sieht nochmal Grab, damit kein harter Schnitt	GA – HT		
6	Guglielmo packt aus und hört Abt kommen, verdeckt seine Sachen – Abt kommt rein	NA	Aufsicht	Man hört Abt kommen
6	Gespräch Guglielmo und Abt: man erfährt etwas über Guglielmo und Ubertino und was passiert ist	NA – GA – Over-shoulder – (An-schnitt) – HT		Glockenschlag als Guglielmo 1. Toten anspricht
6	Adso kommt wieder rein: Einführung Adsos, übernatürliche Macht wird angesprochen – Hl. Inquisition wird angesprochen	NA – GA – DA; Over- Shoulder;	Untersicht; Aufsicht Schuß-Gegenschuß dann overshoulder	
6	Schweineschlächtung	GA – HT – HN	Blick auf beobachtenden Adso	
7	Kirche: Adso und Guglielmo, dann Ubertino	NA – HT – AM – GA – Overshoulder;	Untersicht – Aufsicht	

8	Adso und Guglielmo gehen über Abteigelände, Gespräch über Bisheriges	HT – NA	Parallel	
9	Speisenverteilung ans Volk	HT		
9	Adso und Guglielmo auf Weg, Abtei und Armes Volk, Guglielmo erkennt, daß Adelmo Selbstmord begangen hat	HT – AM –GA – DA	Zoom Rückfahrt – SCHNITT – Untersicht – Aufsicht	
9	Malachia beobachtet sie	NA – GA – AM	Untersicht	
9	Abt, Guglielmo, Jorge, Adso und Mönche (Benedikti-ner) bei Vesper im Refektorium	GA – AM – HT – NA – T	Zoom Rückfahrt – Aufsicht	
10	Außenansicht Abtei: Nacht (Zeit!)	T		
	Refektorium, Mönch liest lat. Text vor, Berengario 1. mal zu sehen und Venanzio als Jorge klopft	HT – AM – T – HN – NA – GA	Aufsicht	
11	Außenansicht des Innenhofs Abtei: Nacht	HT	Bauchsicht	

	Adso und Guglielmo in Kammer	HN 2er – DA – GA	Schwenk → li Tilt nach oben	
12	Venanzio liest Jorge lat Schrift vor und lacht darüber, erschrickt dann vor Ratte	GA – HN 2er		1. x Ratte zu hören
13	Kurzansicht Scriptorium	HT		
	1. x Ratte zu sehen, dann wieder Venanzio	HN – GA		
13	Berengario, der sich peitscht, um sich von Schuld zu befreien	HN – NA	Zoom Hinfahrt	Peitschenschläge
14	Adso und Guglielmo, Adso hat unruhigen Schlaf, Guglielmo zündet Kerze an und beruhigt ihn	HN 2er	Zoom Hinfahrt	Peitsche noch zu hören
15	Außenansicht Abtei, noch Nacht, aber es tagt bald (Zeit)	(H)T		
	Remigio und Salvatore	HN – HN 2er	→ rechts/ Parallelfahrt	
16	Außenansicht Abtei, noch Nacht, es tagt (Zeit)	HT	Bauchsicht = bedrohlicher	
	Glöckner	HN		Glockenläuten (Zeit)

17	Außenansicht, Berge, es tagt ganz (Zeit)	Panorama		Es wird langsam hell Licht!
	Mönche beim Morgengesang, mit Adso und Guglielmo	GA – HT – T	Zoom Rückfahrt, → rechts	Gesang
18	Landschaft, Berge	Panorama	Schwenk, → rechts	Gesang bleibt verbindendes Element
	Abtei/Innenhof	HT		Gesang bleibt verbindendes Element - Nebel
18	wieder Mönche, Nachricht von 2. Toten (Venanzio)	GA – HT – NA – HN – AM	Schwenk, → rechts	
18	Alle rennen zu 2. Toten (Berengario, Abt, Adso und Guglielmo, Malachia groß zu sehen)	HT – NA – DA – GA	Zoom Rückfahrt, → links Schwenk	
19	Blick nach innen	DA – T – NA – AM – GA	→ rechts oben	Donner (Gefahr!)
19	Obduktion der Leiche, Adso und Guglielmo und Severino, Adso wird übel und er geht hinaus	NA – GA		
20	Adso draußen	T –HT – NA – AM		
21	Guglielmo und Severino	NA – HT	Schuß-Gegenschuß-Verfahren (Gespräch)	
20	Ansicht Abtei	HT		

	Adso betrachtet Portal und Salvatore erschreckt ihn, Guglielmo kommt Adso zu Hilfe	HT – NA – GA	→ Tilt nach unten, Rundumfahrt Schnell → unruhig	„Penitenzi-agite" = Losungswort der Dolcinianer
22	Adso und Guglielmo gehen hinaus	HN 2er – NA – DA – HT	→ links Parallelfahrt	
23	Scriptorium, Guglielmos Brille wird eingeführt, Jorge kommt schreiend hinzu „gegen Lachen"	AM – GA – HT – GA – DA – NA		Zeichen: Fußabdrücke, Schleifspuren
24	Adso und Guglielmo, Gespräch über Geschehnisse, Fragen werden gestellt (Effekt: Verständnis für Zuschauer)	HN	Zoom Rückfahrt – Bauchsicht	
24	Abteiansicht	HT	Untersicht	Wind
	Ketzer Salvatore wirft etwas auf Guglielmo	AM	Aufsicht	
25	Adso stellt Salvatore, Guglielmo fordert als Entschädigung Information von Remigio	AM – GA		

25	Außenan-sicht/Nacht – Adso und Guglielmo und Remigio gehen zu Geheim-Eingang des Scriptoriums	HT		
OFF	Alter Adso			
26	Nächtliches Ein-treten ins Scripto-rium	HT		
27	Außenansicht: sehr dunkel! Mädchen steigt in Küche ein	AM – HN		
28	Berengarioin Vor-raum zur Biblio-thek, flieht als Adso und Guglielmo kom-men und nimmt griech. Buch und Guglielmos Brille mit, Adso und Guglielmo verfolgen ihn.	GA – T – HT-HN 2er	Schwenk → rechts, Parallel-fahrt	
28	Adso und Guglielmo rennen hinaus und verfol-gen Berengario	HT		
29	Adsos 2. Treffen mit Mädchen in Küche → erot. Abenteuer	HT – NA – HN		
OFF	Alter Adso: Emotionen			

132

30	– man sieht Berengario das Buch und die Brille verstekken dazwischen kurz:	GA – HT – HN		
31	Guglielmo draußen	HT		
31	Guglielmo und Salvatore	HN – HT		
32	Mädchen steigt wieder hinaus	AM – HN		
29	Adso zieht sich wieder an, findet Herz eines Ochsen und glaubt es ist ein weiteres Opfer => rennt hinaus	HN – GA		
33	Adso und Guglielmo wieder in Küche, Guglielmo klärt Adso über Herz auf, Überlegungen Guglielmos	HN 2er – GA		
34	Adso und Guglielmo in ihrer Kammer, Guglielmo erklärt, daß Adso und Mädchen in 2 verschiedenen Welten leben	HN – GA		
35	Bergige Landschaft, menschenleer, weitläufig;	Panorama		Mönchsgesang Schnee ist fast weg

35	Bergige Land-schaft, karg, Franziskaner kommen hinzu	T – NA		
36	Adso und Guglielmo zu Berengarios Zelle, finden Peitsche	GA – AM		
37	Adso und Guglielmo in Scriptorium, Suche nach Berengario, Malachia kommt hinzu (einsilbig, da er gerade aus der Bibl. kommt, wo Adso und Guglielmo beinahe hineingegangen wären,=> hat etwas zu verbergen) - erst jetzt Erklärung, daß nur 2 in Bibl. dürfen!	HT – T – HN – NA		
38	In Kirche	HN 2er – HT – NA		Mönchsgesang, greg. Choral
39	Alle im Innenhof, Cuthbert da Winchester = Einführung	HN – HT – NA	→ rechts	
40	Besprechung der Franziskaner, Severino kommt angelaufen-hat Berengario im Wasser gefunden	HN		

134

41	Gehen zu 3. Toten	HN – HT	Verfolgung	
41	3. Toter, Gugliel-mo findet seine Brille daneben, griech. Buch bleibt verschollen – – Abt und Jorge kommen dazu	HN – GA – NA	Parallel mit Blick Guglielmos → rechts	
42	Im Laboratorium, neue Arzneikunde, finden Tintenfleck-Ironie Guglielmos wird nicht verstanden.	GA – HT – HN – NA		
43	Zettel mit Zitro-nenschrift wird Abt sichtbar gemacht	GA – HT – HN 2er	→ links Parallel	Zeichen: Ver-änderung der Schrift – Zuschauer erst dabei, dann Blick von außen, dann wieder dabei;
43	Erklärender Rück-blick Guglielmos auf Tod Adelmos, Venanzios und Berengarios, doch Jorge und Mala-chia stören, Abt verbrennt Papier, Ankündigung der päpstl. Delegation und Bernardo Guis	HN – NA – HN 2er – GA – HT	Parallel → links, Zoom Hinfahrt, → links	Musik (getragen, bedrohlich) *Rückblick*

44	Adso fragt (für Zuschauer) wer Gui ist, doch noch keine Antwort => Spannung steigt, man erkennt, daß Gui wichtige Rolle spielte und spielt.	AM – NA – HN	Zoom Rückfahrt	
45	Guglielmo und Franziskaner: alle Angst vor Gui und um Guglielmo, man erfährt, daß Guglielmo und Gui schon früher Probleme hatten	AM – NA	Zoom Hinfahrt	
	Ansichten, Adso sucht Mädchen, sieht sie und armes Volk und wird verspottet			
OFF	*Alter Adso:* nächtliches Abenteuer			
46	Adso und Guglielmo; Mönche, man sieht Malachia zu spät kommen	HT – NA – HN 2er	Parallel → rechts	Mönchsgesang *Zeichen: Malachias Kutte ist weiß*
	Flucht Ubertinos-Abend; Monolog Ubertinos, Ubertino ab – Tor geht zu.			
	Nächtl. Ansicht der Abtei	HT		

47	Adso und Guglielmo huschen zu Geheimeingang	HT – NA		
47	Im Geheimgang	AM		*Zeichen: folgen Ratte zur Bibliothek*
	Dazwischen kurz Außenansicht Abtei	GA – DA		
47	Adso und Guglielmo gelangen in Bibliothek, verlieren sich, Adso legt Faden um zurückzufinden	HN – HT – NA – GA		Musik feierlich – Herzschlag (Freude und Angst) *Adso liest Buch über Frauen* *Spiegel*
	Kurz Außenansicht	Panorama		
47	Adso und Guglielmo im Labyrinth	AM		
48	Ankunft Guis	HN – T – NA		
47	Adso und Guglielmo, Zähneklappern Adsos, angeblich nicht aus Angst, sondern wegen Kälte, Guglielmo fällt nicht ein, wie sie weiter kommen deshalb hinaus, nach Adsos Faden	NA – HN		

47	Adso und Guglielmo kommen heraus, sehen Guis Wagen	AM – HN – NA		
48	Schwarze Messe Salvatore und Mädchen – Festnahme (=>Feuer)	NA – GA – HN2er HT – AM		Pferdegewieher
49	Gui und Guglielmo und Adso; Mönche – Erklärung Guis	HT – NA – GA – HN		
50	Adso und Guglielmo in ihrer Kammer, man erfährt von Guglielmos Vergangenheit mit Gui, Adso fragte danach „als Freund", so wie Guglielmo ihn zuvor	HN – AM – HT		
51	Guis Verhör mit Salvatore	AM – GA – HT	Untersicht/Aufsicht (Ergebenheit und Macht)	
	Kurzansicht Abtei	T		
52	Adso in Kammer	NA		
OFF	*Alter Adso:* Emotionen, Tagesanbruch			
53	Gesandte des Papstes kommen	NA – HT – AM		
	Abtei	Panorama – T	Panoramaschwenk → rechts	Nebel
54	Debatte	HT – HN – NA		

54	Severino kommt angerannt	HT		
54	Wieder bei Debatte	GA – HN3er – NA	Parallel → rechts	
54	Severino will zu Guglielmo	HT – AM – HN – GA		
54	Man sieht Severinos Gestalt im Nebel	HT – NA		*Nebel*
55	Severino in seinem Reich, man sieht an Unordnung, daß es durchwühlt wurde; man sieht wie Severinus erschlagen wird und hört Jorge (lat.)	HN – HT – GA – DA	Zoom Hinfahrt auf Buch, parallel → links Zoom Rückfahrt/ Zoom Hinfahrt	Man hört Jorge (lat.)
56	Malachia und Remigio	HT – NA – DA – GA		Zeichen: Blut auf Malachias Schuh
56	Remigio	HT		
	Abtei/Nebel	HT		
54	Wieder Gesandte, Streit, Gui kommt dazwischen	HT – HN		
57	Gefangene werden hereingeführt	NA		
57	Gui und andere kommen	HT – HN 2er		
57	Bei Totem	NA – DA	Zoom Hinfahrt	

58	Adso und Guglielmo in ihrer Kammer	HN – NA – GA	Zoom Hinfahrt	
59	Gui und Gesandte, Adso und Guglielmo hinzu und Gefangene hinzu	HT – AM – GA – DA		
60	Kirche: Adso betet zu Marienstatue	HT	Untersicht – Aufsicht	
59	Verhör, Guglielmo spricht	HT – NA – GA	Untersicht	
59	Gesandte gehen	HT – NA – GA	Untersicht	
61	Gesandte reisen ab, Vorbereitung für Verbrennung der Gefangenen	HT – HN – GA – T		getragene Musik
62	Jorge spricht in versammlung – Tod Malachias	HT – NA – GA	Untersicht	
63	Adso und Guglielmo ins Labyrinth	HT – HN – AM		
62	Jorge und sein Novize	HN		
62	Gui und Malachia	HT – DA – GA – NA		
63	Adso und Guglielmo im Labyrinth	HT – AM – HN		
	Kurze Außenansicht und Sonnenuntergang (2 Bilder)	T – Panorama		Dumpfe Trommel; dumpfe, getragene Musik

63	Adso und Guglielmo im Labyrinth	HT – HN – AM	parallel	
64	Gui – Außenansicht, Fakeln für Verbrennung der gefangenen – Ansicht: dunkle Mauern	T – HN – NA		Gongschlag, Mönchsgesang
63	Adso und Guglielmo finden Eingang in Finis Africae, Jorge ist schon dort	GA – NA – DA		Musik (1 Ton)
64	Gui und Mönche Verbrennungszeremonie	T – HT – NA	Aufsicht – Bauchsicht	Mönchsgesang: „Kyrie Eleison"
63	Adso und Guglielmo und Jorge im Finis Africae	GA – NA – DA		
64	Hinrichtung durch Gui	T – HT – NA		„Kyrie Eleison"
63	Adso und Guglielmo Jorge	GA – NA – DA		
64	Zeremonie	NA – HT		
63	Im Labyrinth	HT – AM – GA	Aufsicht	
64	Verbrennungszeremonie	T – HT – NA		Salvatore singt Lied, das Mädchen bei Zauber gesungen hat
63	Jorge mit Buch ab	AM – NA		
64	Verbrennungsbeginn: Feuer	AM –GA		

63	Jorge verbrennt Buch	NA – HT – GA		
64	Draußen sehen sie das Feuer in der Abtei	NA – HT – GA		
63	Guglielmo sagt Adso, daß er fliehen soll, Adso flieht	AM – GA – NA		
64	Abtei brennt, Gui usw. rennen los	NA – HT – AM		
63	Guglielmo will Buch finden und retten: 1. Mal Verzweiflung und Resignation	AM – DA – GA		
65	Adso hinaus, Abtei brennt, Scheiter-haufen, Gui flieht, Adso will es ver-hindern, doch wird weggestoßen, Tor geht genau vor Adso zu	HT – T – NA – GA – DA	Aufsicht	
66	Guis Wagen stürzt, Tod Gui	HT – NA – DA		
67	Adso alleine	HT – AM – NA		Durcheinander – Stimmengewirr
67	Feueransicht	NA		

67	Adso → Gugliel-mo kommt völlig erschöpft und voller Ruß hinaus, Adso wirft sich in seine Arme – Überblendung	AM – DA – HN – HT – GA		
68	Neuer Tag – Ruinen, alle wollen weg – Adso und Guglielmo reiten auf Eseln weg – letzter Blick auf Ruinen	T – NA – DA – GA		Musik setzt ein, langsam, getragen
69	Adso und Guglielmo in Wald, Mädchen kommt nochmal, Guglielmo weiter Adso zögert, dann nach (2 versch. Welten) Adso verschwindet im Nebel	HT – AM – GA – HN	Zoom Rück	Nebel- Schnee Beginn: OFF
70	Adso und Guglielmo in weiter Landschaft	T – Panorama	Zoom Rück	Schnee am Boden
OFF	Alter Adso: über Guglielmo und Mädchen → wußte nie ihren Namen			
„...her name"→ Schwarz -blende	Lateinischer Schlußsatz als Einblendung			

143

Glossar der Filmdramaturgie

A

Abspann: Bildteil oder ➔ Schwarzblende nach dem Ende der Film-handlung, in dem die mitwirkenden Personen aufgeführt wer-den.

Amerikanisch(e Einstellung):

stammt aus dem Genre des Western, eine Person ist bis zum Oberschenkel zu sehen, wo sich im Westernfilm der Pistolen-gürtel befindet.

Anschlußszenen: Aufeinanderfolgende ➔*Szenen* im Film, die bei den Drehar-beiten meistens nicht in dieser Reihenfolge aufgenommen werden.

Aufblende: Erscheinen des Bildes nach einer ➔*Schwarzblende*

Aufsicht: Sicht von oben auf eine Person oder ein Objekt, die oder das dadurch kleiner und niedriger erscheint.

Außenraum (A): offener Raum, normalerweise die den ➔*Innenraum* umgeben-de Landschaft.

B

Bauchsicht: eine Person oder ein Objekt wird mit Sicht aus Bauchhöhe aufgenommen.

Buch zum Film, das:

Buch, das im Normalfall nach Erscheinen des Films veröffent-licht oder nochmals neu aufgelegt wird.

D

Detailaufnahme: Ein Teil einer Person (z.B. Augen) oder eines Objekt wird ganz groß als Ausschnitt gezeigt, um seine Wichtigkeit zu ver-deutlichen.

E

Einführung von Personen:

Als Einführung von Personen bezeichnet man die Stelle, an der die betreffende Person zum ersten Mal in der Handlung auftritt (*aktive E.*) oder an der zum ersten Mal über sie gesprochen wird (*passive E.*).

Einstellung:

Kleinste Einheit eines Films; ein Film-Bild, das durch Faktoren wie zum Beispiel die ➔ Kameraperspektive bestimmt ist.

Einstellungslänge:

Dauer eines Bildes. Je länger die Einstellung, desto wichtiger ist sie für die Handlung des Films.

G

Großaufnahme: Z. B. das Gesicht einer Person. Die Emotionen dieser Person stehen dann im Vordergrund.

H

Halbtotale: Eine Person/ein Objekt ist in der unmittelbaren Umgebung zu sehen. Oft ein Teil eines Raumes, in dem mehrere Menschen zu *sehen sind.*[188]

Halbnahe: Eine Person ist nicht mehr vollständig im Bild. Die Gestik rückt in den Vordergrund.[189] Z. B. ein Mensch vom Kopf bis zu den Füßen.[190]

Halbnahe 2er: s. ➔*Halbnahe*, Bildeinstellung mit 2 Personen.

---

[188] Vgl. Faulstich, *Einführung*, S. 30.
[189] Vgl., Kamp, *Umgang*, S.14.
[190] Vgl. Faulstich, *Einführung*, S. 30.

I

Innenraum (I): Geschlossener Raum, im Normalfall innerhalb eines Gebäudes.

K

Kameraeinstellung:

Als *K.* bezeichnet man die Art, wie ein Bild oder einen Bildausschnitt dargestellt wird, siehe zum Beispiel ➜ *Detailaufnahme,* ➜ *Totale* usw.

Kamerabewegung:

jeweilige Richtung, in die eine Kamera filmt.

Kamerafahrt: Bewegung der Kamera durch den Raum zur Veränderung der Perspektive.[191]

Kameraperspektive:

Richtung aus der die Kamera filmt.

M

Matte-Painting: ein unechtes, gemaltes Bild, das in ein anderes Bild eingesetzt wird.

N

Nachbearbeitung:

s. ➜ Post-Produktion

Nahaufnahme: Kopf und Oberkörper einer Person. Die Mimik wird wichtiger.

Normalsicht: Die Kamera filmt ungefähr aus Augenhöhe. ➚ Aufsicht, Bauchsicht, Untersicht.

---

[191] Vgl. Kamp, Umgang, S. 25.

O

OFF:	Alles, was nicht im Bild zu sehen ist. *Aus dem OFF* hört man zum Beispiel Geräusche oder eine Stimme, man sieht aber die dazugehörige Person nicht.
On:	Alles, was im Bild zu sehen ist, befindet sich im On.
Over-Shoulder:	Eine Person wird über die Schulter einer anderen gefilmt. Häufig benutzt bei Dialogen um die nicht sprechende Person im Bild lassen zu können. Macht den Zuschauer zum (aus dem Gespräch ausgeschlossenen) Beobachter. ↗ *Schuß-Gegenschuß-Verfahren*

P

Panoramaschwenk:

Langsamer Blick über eine weite Landschaft, das Gefühl der Grenzenlosigkeit beim Zuschauer wird verstärkt. Häufig verwendet bei Westernfilmen.[192]

Parallelfahrt:	Die Kamera bewegt sich nebenher, in die gleiche Richtung wie eine Person oder ein Objekt.
Plot-Point:	Am *P.* erreicht die Handlung einen Spannungs-Höhepunkt, dieser bringt jedoch noch nicht die endgültige Auflösung.
Post-Produktion:	Die technische Nachbearbeitung eines Films, in der oft auch eine nachträgliche Vertonung stattfindet. Die Post-Produktionsphase ist entscheidend für die Wirkung des Films durch die Wahl der →*Einstellungslänge* und des →*Schnitts.*

R

Rundumfahrt:	Kamera schweift durch den Raum, so wie der Blick des Zuschauers schweifen lassen würde, wenn er selbst im Raum wäre.

---

[192] Vgl. Kamp, Umgang, S. 23.

Rückblick:	Visuelle Darstellung von Ereignissen, die zeitlich bereits vor der momentanen Handlung passiert sind. (s. zum Beispiel Szene 43, *Gespräch Abt und William – Williams Aufklärung der Morde*)

S

Schnitt:	In der ➔ Post-Produktion vorgenommener Wechsel von einer *Einstellung* zur nächsten.
Schnittbilder:	Bilder, die zur Auflockerung oder zur Verdeutlichung zwischen die eigentliche Handlungsdarstellung eingefügt werden, bei *Il nome della rosa* meistens die nächtliche Abtei.
Schrifteinblendung:	
	hier meistens zur Erklärung oder Übersetzung fremdsprachlicher Textstellen und Zitate gedacht (s. Szene 8 In Kirche – Ubertino, Textadaption S. V)
Schuß-Gegenschuß-Verfahren:	
	Meistens angewendet bei einer Gesprächssituation. Die Kamera zeigt abwechselnd den einen, dann den anderen Gesprächspartner. Erzeugt bei Zuschauer das Gefühl, direkt am Gespräch beteiligt zu sein.
Schwarzblende:	In der S. ist kein Bild zu sehen; die S. wird manchmal auch verwendet, um Szenen zu trennen oder zu unterbrechen (oft als Zeitdehnung).
Schwenk nach links/rechts:	
	Kamera dreht sich nach links/rechts um Überblick zu verschaffen, eine Person zu verfolgen oder den Raum zu zeigen. Schwenks lenken die Aufmerksamkeit des Publikums und erzeugen ein verstärktes Gefühl von Raumbewußtsein.[193]
Sequenz:	Eine S. besteht aus mehreren inhaltlich zusammenhängenden ➔ *Einstellungen*[194]

---

[193] Vgl. Kamp, *Umgang,* S. 32.
[194] Vgl. Monaco, S. 572

Sicht, subjektive: Die Kamera filmt aus der Perspektive einer Person.

Szene: In sich abgeschlossener Teil, nach dessen Beendigung meistens der Schauplatz und die Personen wechseln.

T

Tilt: Auf- oder Abwärtsbewegung der Kamera.

Totale: Darstellung eines gesamten Raumes, Personen im Raum nehmen eine untergeordnete Stellung ein, die Umgebung dominiert.[195]

U

Untersicht: Eine Person/ein Objekt wird von unten aus gefilmt und erscheint so größer und wichtiger.

Überblendung: Eine → *Einstellung* wird langsam ausgeblendet, während die folgende langsam eingeblendet wird.

V

Verfolgung: Die Kamera fährt hinter einer oder mehreren Personen/Objekten her.

Vorspann: Teil des Films v o r Beginn der eigentlichen Handlung, in der im Normalfall die Namen der Darsteller und des Regisseurs eingeblendet werden

W

Weitaufnahme: Meistens Darstellung einer weitläufigen Landschaft.[196]

---

[195] Vgl. Kamp, *Umgang*, S. 14.
[196] Vgl. Faulstich, *Einführung*, S. 30.

Z

Zoom Hinfahrt: Langsame Bewegung auf ein Objekt/eine Person zu. Der Zuschauer kann somit einordnen, wo sich das Objekt/die Person
im Raum befindet.[197]

Zoom Rückfahrt: Die Kamera entfernt sich von einem Objekt/einer Person.
Das Umfeld nimmt an Bedeutung zu. Der Zuschauer distan-
ziert sich so vom Geschehen. [198]

---

[197] Vgl. Kamp, *Umgang,* S. 27
[198] Vgl. Kamp, *Umgang,* S. 27

Literaturverzeichnis

Primärliteratur

Annaud, Jean-Jacques, Video, *Il nome della rosa*, produziert von Bernd Eichinger,
Neue Constantin Filmverleih (München, 1987).

Annaud, Jean-Jacques, Video, *The name of the rose*, produziert von Bernd Eichinger,
Neue Constantin Filmverleih (München, 1987).

Eco, Umberto: *Il nome della rosa*, herausgegeben von Tascabili Bompiani,
(Milano, 1980, XLIII edizione 1999)

Goethe, J.W. von: *Zahme Xenien*, Goethes Werke, Vollständige Ausgabe, Bd. 3
(Stuttgart, 1828)

Sekundärliteratur:

Albersmeier, Franz-Josef und Roloff, Volker: „Vorwort", in: *Literaturverfilmungen*,
herausgegeben von F-J. A. und V. R. (Frankfurt am Main, 1989), S. 11 – 14.

Aryeh, Grabois: *Illustrierte Enzyklopädie des Mittelalters* (Königstein, 1981).

Bauer, Ludwig: *Authentizität, Mimesis, Fiktion. Fernsehunterhaltung und Integration
von Realität am Beispiel des Kriminalsujets*, herausgegeben von Klaus Kanzog, diskurs film: Bibliothek 3, (München, 1992).

Baumann, Hans D. und Sahihi, Arman: *Der Film: der Name der Rose. Eine Dokumentation.* (Weinheim, 1986)

Baumann, Hans D. und Sahihi, Arman: „Eine Rose ist eine Rose ist ein Erfolg", *Psy-
chologie heute 10* (1986), 68 – 73.

Becker, Wolfgang und Schöll, Norbert: *Methoden und Praxis der Filmanalyse.*

Untersuchungen zum Spielfilm und seinen Interpretationen, Schriftenreihe des Instituts
Jugend, Film, Fernsehen 5 (Opladen, 1983).

Benabent-Loiseau, Josée: *Le secrets de l'ours – Le film de Jean-Jacques Annaud*
(Frankreich, 1988).

Borter-Sciuchetti, Gabriella: *Annäherungen an das Namenlose. Eine Interpretation von Umberto Eco <<Il nome della rosa>> Boris Vian <<Lécume de jours>>* (Zürich, 1987).

Breitmoser-Bock, Angelika: *Bild, Filmbild, Schlüsselbild*: zu einer kunstwissenschaftlichen Methodik der Filmanalyse am Beispiel von Fritz Langs „Siegfried"(Deutschland, 1924), herausgegeben von Klaus Kanzog, diskurs film: Bibliothek 5 (München, 1992).

Buchloh, Paul G.: *Literatur und Film*, herausgegeben von P. G. Buchloh u.a., Studien zur englischsprachigen Literatur und Kultur in Buch und Film II, Bd. 4 (Kiel, 1985).

Deschamps, Didier: *4 Tendenzen des französischen Kinos*, (München, 1993).

Diederichs, Helmut H.: „`Autorenfilm´und Verfilmungsfrage. Zur Geschichte und Theorie der Literaturverfilmung vor dem ersten Weltkrieg in Deutschland", in: *Methodenprobleme der Analyse verfilmter Literatur*, herausgegeben von Joachim Paech (Münster, 2. Auflage 1988), S. 63 – 72.

Dunker, Achim: *Die chinesische Sonne scheint von unten – Licht- und Schattengestaltung im Film*, TR – Praktikum 9, (München, 2. Aufl. 1997).

Eco, Umberto, Auf dem Wege zu einem neuen Mittelalter (München, 1989).

Eco, Umberto: „Erste und letzte Erklärung", in: Almanach zur italienischen Literatur der Gegenwart, herausgegeben von Viktoria von Schirach (München, 1988), S. 25 – 27.

Eco, Umberto: „L´innovazione nel seriale", in: U. Eco, Sugli specchi ed altri saggi (Milano, 1985), S. 125 – 146.

Eco, Umberto: *Nachschrift zum >Namen der Rose<*, deutsch von Burkhart Kroeber, dtv-Buch (München, 2. Aufl. 1986).

Eigen, Thomas: „ `Der Prozess´ (O. Welles, 1962) – Eine Analyse zwischen Film und Literatur", in: Systematische Filmanalyse in der Praxis, herausgegeben von H . Korte (Braunschweig, 1986), S. 115 – 197.

Faulstich, Werner: *Die Filminterpretation* (Göttingen, 1988).

Faulstich, Werner: *Einführung in die Filmanalyse*, ,herausgegeben von W. Faulstich und H.-W. Ludwig, Literaturwissenschaft im Grundstudium 1 (Tübingen, 1976).

Gast, Wolfgang: „Lesen oder Zuschauen?", in: W. G., *Literaturverfilmung*, herausgegeben von Hans Gerd Rötzer, Themen, Texte, Interpretationen, Bd. 11 (Bamberg, 1993), S. 7 – 11.

Haacke, Wilmont: „ Das Problem der Transformation, unter dem Aspekt von `Abstraktion und Reduktion´ betrachtet", in: *Literaturverfilmungen*, herausgegeben von Helmut Popp (München, 1984), S. 42 – 45.

Heller, Heinz- B.: *Literarische Intelligenz und Film. Zu Veränderungen der ästhetischen Theorie und Praxis unter dem Eindruck des Films 1910–1930 in Deutschland*, herausgegeben von Dieter Baacke u. a., Medien in Forschung und Unterricht A, Bd. 15 (Tübingen, 1984).

Hofmann, Frank: `Postmodernes´ Erzählen? – Postmodernes Erzählen!. Untersuchungen zur *Entwicklung `postmoderner´Erzählformen und zu ihrer Rezeption in der deutschen Literatur*, Schriften zu Literatur, Film und Philosophie 5 (Rüsselsheim, 1994).

Hofmann, Wilhelm: „Vorwort", in: *Sinnwelt Film. Beiträge zur interdisziplinären Filmanalyse*, herausgegeben von W. H. (Baden-Baden 1996), S. 7 –12.

Ickert, Klaus und Schick, Ursula: *Das Geheimnis der Rose entschlüsselt. Zu Umberto Ecos Weltbestseller >>Der Name der Rose<<* (München, Vierte Auflage 1986).

Jacobson, Roman: „Verfall des Films?", in: Sprache im technischen Zeitalter 25-28 (1968), herausgegeben von Walter Höllerer, 185 – 191.

Kamp, Werner: *Autorenkonzepte und Filminterpretation*, herausgegeben von Richard Martin und Rüdiger Schreyer, Aachen British and American Studies 6 (Frankfurt am Main, 1996).

Kamp, Werner und Rüssel, Manfred: *Vom Umgang mit Film*, Vom Umgang mit..., Bd. 1 (Berlin, 1998).

Kanzog, Klaus: „ Wege zu einer Literaturverfilmung am Beispiel von Volker Schlöndorffs Film `Michael Kohlhaas – Der Rebell´", in: *Methodenprobleme der Analyse verfilmter Literatur*, herausgegeben von Joachim Paech (Münster, 2. Auflage 1988), S. 21- 44.

Kuchenbuch, Thomas: *Filmanalyse- Theorien, Modelle, Kritik* (Köln, 1978).

Lodge, David: „Roman, Theaterstück, Drehbuch. Drei Arten eine Geschichte zu erzählen", in: *Intermedialität – Theorie und Praxis eines interdisziplinären Forschungsgebiets*, herausgegeben von Jörg Helbig (Berlin, 1998), S. 68 – 80.

M., S.C.: „The name of the rose", in: John C. Tibbetts und James M. Welsh, *The Encyclopedia of Novels into Film* (New York, 1988), S.294 – 295.

Miethke, Jürgen: „Der Philosoph als Detektiv. William von Baskerville, Zeichendeuter und Spurensucher, und sein `alter Freund´Wilhelm von Ockham in  Umberto Ecos Roman >Der Name der Rose<, in: `*...eine finstere und fast unglaubliche Geschichte´?* Mediävistische Notizen zu Umberto Ecos Mönchsroman >Der Name der Rose<, herausgegeben von Max Kerner (Darmstadt, 1987), S. 115 – 127.

Millicent, Marcus, *Filmmaking by the book. Italian cinema and literary adaptation* (London, 1993).

Möller-Naß, Karl-Dietmar, *Filmsprache. Eine kritische Theoriegeschichte*, herausgegeben von K.-D. Möller-Naß (Münster, 1986).

Moliterno, Gino: „Novel into Film: The Name of the Rose", in: *Fields of Vision. Essays in Film Studies, visual Anthropology, and Photography*, herausgegeben von Leslie Devereaux und Roger Hillman (Berkeley, 1995), S. 196 –214.

Monaco, James: *Film verstehen. Kunst, Technik, Sprache, Geschichte und Theorie des Films und der Medien*, deutsche Fassung herausgegeben von H.-M. Bock, (Hamburg, überarbeitete und erweiterte Neuausgabe 1995).

Müller, Jürgen E.: *Intermedialität. Formen moderner kultureller Kommunikationen*, herausgegeben von J. E. M., Film und Medien in der Diskussion 8, (Münster, 1996).

Nigris, Fulvio de: „*`Il nome della rosa'* dall´illustrazione al film. – Intervista a Umberto Eco", in: *La rosa dipinta*, herausgegeben von der Associazione Illustratori (Milano, 1985), S. 6 – 17.

Oesterreicher-Mollow, Marianne: *Herder-Lexikon der Symbole* (Freiburg i. B., 1978).

Parker, Mark: „The name of the Rose as a Postmodern Novel", in: *Naming the rose. Essays on Eco's The Name of the Rose*, herausgegeben von M. Thomas Inge (Mississippi, 3. Aufl. 1988), S. 48 – 61.

Perivolaropoulou, Nia: „ Analyse 5: Film", in: Grundkurs Literatur- und Medienwissenschaft, herausgegeben von Karl W. Bauer (München, 1992), S. 131 – 139.

Peters, Jan-Marie: „Die Struktur der Filmsprache", in: Theorie des Kinos. Ideologiekritik der Traumfabrik, herausgegeben von Karsten Witte (Frankfurt, 1972), S. 171 – 186.

Peters, Jan-Marie: „Sprechakttheoretische Ansätze zum Vergleich Roman-Film", in: *Methodenprobleme der Analyse verfilmter Literatur*, herausgegeben von Joachim Paech (Münster, 2. überarbeitete Auflage 1988), S. 45 – 61.

Reif, Monika: „*Film und Text. Zum Problem von Wahrnehmung und Vorstellung in Film und Literatur*, herausgegeben von W. Faulstich und H.-W. Ludwig, Medienbibliothek B, Bd. 5 (Tübingen, 1984).

Renner, Karl N.: „Der Findling. Ein Film von George Moorse nach Heinrich von Kleist. Zum Vergleich von Text und Film", in: *Erzählstrukturen – Filmstrukturen. Erzählungen Heinrich von Kleists und ihre filmische Realisation*, herausgegeben von Klaus Kanzog (Berlin, 1981), S. 25 – 58.

Sanbothe, Mike: „Was heißt hier Postmoderne? – Von diffuser zu präziser Postmoderne- Bestimmung", in: *Die Filmgespenster der Postmoderne*, herausgegeben von Andreas Rost und M. Sandbothe (Frankfurt am Main, 1998), S. 41-54.

Schachtschabel, Gaby: *Der Ambivalenzcharakter der Literaturverfilmung*, Europäische Hochschulschriften 16, (Frankfurt am Main, 1984).

Schaudig, Michael: *Literatur im Medienwechsel. Gerhart Hauptmanns Tragikomödie Die Ratten und ihre Adaption für Kino, Hörfunk und Fernsehen*, herausgegeben von Klaus Kanzog, diskurs film: Bibliothek 4 (München, 1992).

Sierek, Karl: *Aus der Bildhaft. Filmanalyse als Kinoästhetik* (Wien, 1993).

Schimmelpfennig, Berhard: „ Intoleranz und Repression. Die Inquisition, Bernard Gui und William von Baskerville.", in: `...eine finstere und fast unglaubliche Geschichte'?* Mediävistische Notizen zu Umberto Ecos Mönchsroman >Der Name der Rose <, herausgegeben von Max Kerner (Darmstadt, 1987), S. 191 – 213.

Schneider, Irmela: *Der verwandelte Text. Wege zu einer Theorie der Literaturverfilmung*, herausgegeben von Dieter Baacke u. a., Medien in Forschung und Unterricht A, Bd. 4 (Tübingen, 1981).

Strautz, Evelyn: *Probleme der Literaturverfilmung. Dargestellt am Beispiel von James Ivorys* A Room With A View, Aufsätze zu Film und Fernsehen 38, (Alfeld/Leine, 1996).

Urban, Cerstin: *Erläuterungen zu Umberto Eco* Der Name der Rose, herausgegeben von Klaus Bahners, Gerd Eversberg u.a., Königs Erläuterungen und Materialien 391 (Hollfeld, 1998).

Sonstige Quellen

Internet:

http://www.uni-jena.de/theologie/Fachgebiete/PraktischeTheologie/f_gregor.htm

http://www.libirinth.com/eco/eco.films_film.html

sowie weiterführende *links* dieser Seiten

www.ingramcontent.com/pod-product-compliance
Lightning Source LLC
Chambersburg PA
CBHW022322280326
41932CB00010B/1194